超 恐

BRAVE NEW YOU

Strategies, Tools, and Neurohacks to Live More Courageously Every Day

與

越 懼

Mary Poffenroth, PhD

瑪莉·波芬羅斯 博士——著

非語——譯

《 重塑大腦認知，改寫回應模式
選擇勇敢的神經再造工程 》

目錄

【前言】成為自己命運的建築師 7

第一部 重新想像恐懼與勇氣 13

第1章 恐懼是你的盟友 15
第2章 無所畏懼只是假象 35
第3章 勇氣是可以習得的 61
第4章 恐懼的科學威力強大 93

第二部 恐懼的牢籠 109

第5章 生物性恐懼：我們與生俱來的牢籠 111

第6章　社會性恐懼：為什麼別人讓我們害怕　139
第7章　個人的恐懼：當我們讓自己感到害怕時　159

第三部　勇氣的鑰匙　195

第8章　運用RAIN方法讓自己自由　197
第9章　勇氣的生物學鑰匙　243
第10章　勇氣的心理學鑰匙　271
第11章　更有勇氣的明天　311

致謝　327
資料來源　332

超越恐懼練習索引

超越恐懼練習① 找到你的起點 24
超越恐懼練習② 改變的勇氣 57
超越恐懼練習③ 價值觀 75
超越恐懼練習④ 重塑你的依附風格 84
超越恐懼練習⑤ 從瓦礫中重建 130
超越恐懼練習⑥ 你在社會中的角色是什麼？ 146
超越恐懼練習⑦ 有問題的完美主義 172
超越恐懼練習⑧ 冒牌者症候群 180
超越恐懼練習⑨ 自動化思考 190
超越恐懼練習⑩ 恐懼追蹤表 210
超越恐懼練習⑪ 誰是你的潛水夥伴？ 256
超越恐懼練習⑫ 感謝自己 282
超越恐懼練習⑬ 草草改寫版 304

神經再造工程索引

神經再造工程1　按壓「合谷穴」　32
神經再造工程2　一次一步　51
神經再造工程3　輕輕地敲出勇氣　67
神經再造工程4　四者連線　122
神經再造工程5　凝視近處和遠方　152
神經再造工程6　TMI技法：觸發、腦内雜音、改善　185
神經再造工程7　勇氣的氣味　214
神經再造工程8　如何運用重複來訓練你的大腦變勇敢？　230
神經再造工程9　螺旋型的思維日誌　292

獻給以為只有自己害怕的人。

獻給渴望有勇氣說「是」的每一個人。

獻給被告知要活得平凡
然而卻嚮往活得精彩的人。

獻給希望幸運眷顧他們的勇氣
但需要一點點推力的人。

與我一起踏上這段旅程吧，你在這裡有一席之地。

【前言】

成為自己命運的建築師

將恐懼視爲私密、可恥的道德缺陷的時代結束了。與其假裝無所畏懼，不如讓《恐懼與超越》告訴你，如何揭開內在的勇氣，深入了解恐懼的本質，以及運用極其簡易實用的工具，學會與恐懼共存。我們的旅程將會協助你從「覺知」進展到「了解」，最終來到「智慧」，讓你可以開始應對當今最常見的恐懼，建立更寬廣、更美好、更充實的人生。

我的目標是讓你有能力更深入地認識自己，從而有勇氣好好享受你的人生的全部潛能，不被你的恐懼所局限。

《恐懼與超越》是指南針，引領你穿越擔憂、不安、恐慌的洶湧波濤。我也曾經被自我懷疑、懼怕、似乎永無休止的焦慮思緒，牢牢困住。身爲生物心理學家兼研究人員，我的解決方案是，深入科學領域尋求答案，也就是得出我在本書中與你分享的所有這一切。無論你是有經驗的老船長，輕鬆地穿越熟悉的恐懼，還是剛剛來到洶湧海面的新手，面對著惱人的思緒與嚇人的感受，這些篇章都爲你提供慰藉以及實證有效的策略，協助你繪製一條航線，穿越艱難的內在挑戰。《恐懼與超越》是寫給遲遲跨不出第一步的夢想家，寫給被困在「如果××怎麼辦」迷宮中的過度思考者，也寫給尋求擺脫恐懼箝制、重掌人生之路的每一個人。

《恐懼與超越》建立在以下三個簡單但卻鮮少被探討的眞理：

一、關於恐懼，我們一直以來被教導的一切其實都是錯誤的。

二、勇氣不是有限的資源，它流動易變且可以擴展。

三、勇氣是一種修煉。

本書分成三個部分，從「覺知」進展至「了解」，再來到「智慧」。在每一章節中，你都能夠運用「超越恐懼練習」中的探索提示深入研究，同時運用「神經再造工程」學習重要的「神經再造」。「神經再造工程」是結合生理與心理的非侵入性快捷方法，可以提升你的記憶力、專注力、創造力，幫助你感到更加滿意和有力量。

《恐懼與超越》不是意在成爲教科書，而是意在成爲一次機會，挑戰你對恐懼的臆測，揭開你曾被告知的每一個恐懼相關迷思，並重建更勇敢的你。這將是一趟「故事驅動」（narrative-driven）的旅程，特此告誡熱中科學的讀者：爲了讓更廣泛的讀者群容易理解且樂在其中，我會擬人化某些解剖與生理過程。

從第一部〈重新想像恐懼與勇氣〉開始，你將學習到，勇敢其實是你與生俱來的潛質。在這個部分，你針對恐懼的神經生物學與心理學，探索最新的研究，建立起需要的基礎，從而拆除掉恐懼在你周圍築起的牢籠。然後在第二部〈恐懼的牢籠〉中，將會揭示社會在我們的恐懼體驗中扮演的角色，以及我們該怎麼做，才能產生正向的改變。最後，在第三部〈勇氣的鑰匙〉中，我們加速學習各種工具，開始追求新的人生，在此，每天都是探索、學習、成長的契機，不再受制於憂慮擔心。

我們的大腦並非一成不變，它們有能力產生驚人的改變與成長。「神經再造工程」就像「作弊密技」，幫助你更新並重新整理該如何思考、感受、表現，回應人生的「壓力源」（stressor）。

當我們掙脫恐懼在自己周圍築起的牢籠時，就可以深化自己與他人的關係，因爲眞誠取代了自我保護的需求，讓我們得以培養心中渴望建立的有意義連結。挑戰從障礙蛻變成踏腳石，帶領我們通向充滿探險與自我探索的未知領域。有了勇氣作爲你的指南針，你的旅程不再只是時間的流逝，而是眞正精彩的探險。

撰寫《恐懼與超越》是我人生中最艱難的事情之一，因爲我希望提供讀者更深入的洞見，讓你看見我親身應用本書中所有工具的時刻。書中有許多一碰就痛的體驗，之前我從不曾以言語表達過。我覺得，脆弱易感、敞開心扉、勇敢，都是不可或缺的，因爲我對你有同樣的要求。我從小被教導要隱藏眞實的自己，「始終」只展現精緻、光鮮亮麗的自己給他人看。但現在我知道，那並不是一個人發達興旺的方法。人類天生熱愛故事，只有在感受到連結時，我們才會茁壯成長。所以本書不只是操作指南、故事書，最重要的是，它使你在應對日常憂慮的掙扎中，感到不那麼孤單。跟我一起逃離野熊、跳下飛機、檢視心中的恐懼如何牽絆我，以及——最難的是——從頭到尾應對複雜的母女關係。

《恐懼與超越》也是我自身恐懼修煉的一種巔峰，它是寫給曾經的我，那個我永遠在沒有地圖的情況下，嘗試航行在陌生的空間中。我的目標是指引你邁向更光明、更大膽的未來，那超乎你以往的想像。本書准許你擁抱你的恐懼，視之爲正常的人類情緒，同時提供你工具，大大縮短令你不適的時間。事實上，你將會毫無顧忌地感受到自己的恐懼，而且知道，穿越恐懼之後，你會變得更堅強。

對我而言，嫻熟掌握日常的恐懼是鑰匙，開啓我無法想像的成功與幸福，包括在職業生涯或個人生活方面。我很快便領悟到，我所開發的工具和策略，可以幫助他人蛻變他們對新機會、承擔風險、改變的回應方式。透過我的努力，我爲數萬人灌注力量，讓他們擁抱自己的恐懼、採取行動、運用你將在本書中找到的工具蛻變自己的人生。

沒有人知道所有的答案，包括我自己。但我確實知道的是：我們與恐懼對話、思考、共存的方式需要澈底改變。這個改變從停止假裝恐懼不存在開始。長久以來，我們一直被迫相信：恐懼是黑暗、觸碰不到的力道，天生難以應對。更糟的是，我們被教導，感覺到恐懼很羞恥，應該要默默忍受。該要取而代之的是，讓我們從根本上重新想像恐懼，允許自己善用身體的自然反應，增進健康、自信、韌性。

《恐懼與超越》的誕生，是爲了提供你需要的工具，讓你成爲自己命運的建築師。所以，時候到了，該要放下你對恐懼的一切舊有認知，與我同行，共創更勇敢的明天。

老實說，還有什麼比這更勇敢呢？

【第一部】

重新想像恐懼與勇氣

第1章

恐懼是你的盟友

若要飛向所有可能性，你必須將安逸舒適拋諸腦後。

——西西莉．泰森（Cicely Tyson）

無論是心理或身體層面，恐懼往往被視爲不祥的敵人、可怕的力道，威脅著要我們僵在原地，或讓我們尖叫著逃離。然而，在這幽暗的驚恐界域中，蘊藏著深奧的弔詭：當我們懂得駕馭並了解恐懼，恐懼就可以在自我發現與成長的旅程上，化身成意想不到的盟友。

恐懼是人類體驗到最原始且最威力強大的情緒之一。它警告我們有危險並促使我們採取行動，這兩個關鍵的生存面向可以追溯到人類物種誕生之初。然而，社會上關於恐懼的教導，大多數完全錯誤，甚至是毫無幫助。從小，我們就被教導：恐懼是不受歡迎甚至令人羞愧的情緒。因此，長大成人後，我們將恐懼視爲軟弱的徵兆，認爲它是應該要被避開、逃離或戰勝的東西，而且絕不能討論，始終要藏好。人生旅程中，我們感覺好像只有自己一個人害怕未知或擔心自己不夠好。但是我有一個祕密要告訴你：你我都不孤單。事實上，我們都害怕「恐懼」的感覺。

如同指南針指引探險家穿越未知的領域，恐懼也可以作爲工具，指向你需要才能蛻變人生的東西。這種細膩的視角引導你重新審視恐懼，不再將恐懼看作是障礙，而是潛在的盟友，有能力喚醒蟄伏的力量並推動你邁向意料之外的勝利。因爲踏上自我發現的旅行，你可能會發現，當恐懼被擁抱和轉化，它就成爲你邁向夢想人生路上的忠實夥伴。

我知道這是我體驗到的。

我的故事

我成長在一個被恐懼主宰的家庭。研究恐懼變成了方法，用來消融恐懼對我的掌控。

直到十八歲生日，我才知道，我一出生就被外祖母（我稱她爲海倫媽媽）和她丈夫雷斯收養。當年，我的親生母親十六歲，本身還是個孩子的她，已經在努力撫養她的第一個兒子。因此，當海倫媽媽與雷斯因爲一場游泳意外失去年幼的兒子時，收養我似乎就像完美的止痛藥膏，撫平他們的喪子之痛。

然而，在我被收養之後才三個月，雷斯也去世了。我無法告訴你，在短短的兩年間痛失兒子與丈夫之前，海倫媽媽是什麼樣的人，但我可以告訴你，我是如何被養大的：要害怕一切事物。

害怕做眞實的自己，或害怕表現出脆弱，害怕展現人性。

海倫媽媽的恐懼感以許多令人不安的方式顯化，但最具破壞性的其中一點是，讓我從小相信：這世界永遠令人心驚膽顫，以及除了快樂，展現任何情緒都是軟弱。

成年後，我用事實和無可辯駁的邏輯作爲抵禦脆弱的手段。結果，在理性清明的防護泡泡中，我也變得非常拙於理解自己的情緒，這八成也是我發現科學那麼動人的原因。科學這門學科要求且獎勵人們從工作中抽離自我與個人情感。這對我來說實在是太讚了……不過只在一開始的時候。

我在美國國家航空暨太空總署（NASA）開始了自己的職業生涯，成為太空梭「哥倫比亞號」（*Columbia*）STS-107任務酬載研究團隊的一員，然後在二十七歲生日之前，接受了聖荷西州立大學（San Jose State University）生物學系的教職。然而，我發現，個人的成就並未讓我進一步感覺到自己是個比較完整的人。

如果情緒是色彩，那就好像，我一輩子只看見兩種彩虹的色調。雖然我不斷告訴自己，那兩種顏色就夠了，但是內心深處知道，那不是眞相。我想要更多。因此，就像任何稱職的科學家，我開始研究情緒，爲的是學習如何理解、感受、表達整個情緒光譜內的情感。

以下是我學到的。

人生的正常恐懼

在這本書裡，沒有所謂「太大」或「太小」的恐懼。

所有恐懼都有所根據，但我們不必任其擺布。嫻熟掌握任何恐懼的祕訣在於：與其忽略恐懼，不如擁抱它、質疑它、努力理解它。它是理性的或非理性的呢？這份恐懼打哪兒來？當我們深入鑽研這些問題，就會發現，恐懼有三大來源：生物的、文化的、個人的。

第一層：生物的恐懼

恐懼是一種原始且可調整的情緒，根植於我們的生物本質的複雜結構。進化精細調整了我們的大腦，使我們在面對危險（無論是眞實的危險，或者只是被感知爲眞實的危險）時，觸發恐懼喚起反應（fear-arousal response），藉此確保生存。這套系統也幫助我們學習，它將具威脅性的體驗交給記憶，方便將來回憶和避開風險。

生活在世界上，這個生物性機制（我們會在後續頁面進一步探討這個部分）讓我們能夠辨識引發恐懼的情境、做出反應，並從中學習。不幸的是，我們的人類機器仍然仰賴古老的「軟體」運行，因此對於現代生活的觸發因子可能會過度反應。人類腦部的演化，是要注意並對不熟悉的聲響做出反應，從而確保生存，尤其是針對響亮或突如其來的聲音。但是今天，大腦卻必須更努力工作，處理附近接連不斷的隆隆聲，那些來自我們沒

> 嫻熟掌握任何恐懼的祕訣在於：
> 與其忽略恐懼，
> 不如擁抱它、質疑它、努力理解它。

在看的電視節目、別人的音樂發出響亮刺耳的聲音、或是下班後電子郵件的提示音。此外，人類的大腦能夠對快速移動的物體做出反應，以此協助確保生存，但是平均一整天不斷有機車、汽車、火車從身邊呼嘯而過，大腦又該如何應對呢？

你的大腦只是想要保你安全，讓你活下去。雖然我們可以合理地解釋，半夜經常突然間大聲響起的手機提示音不會傷害你，但是你的恐懼喚起系統並不知道這點。體認到恐懼只是人體正常運作的一個面向，可以幫助我們放下可能會因為感到害怕、擔憂或焦慮而揹負的羞愧感或道德責任。

第二層：文化的恐懼

我們生活在一個越來越被社會教導要潔淨化、壓抑，乃至忽略苦悶與沮喪的世界中。與此同時，媒體與消費文化等外在勢力又無情地操弄我們的不安全感，以此贏得更多的點擊率，賣出更多的產品。

從小時候，直到退出這個人生舞台，我們透過身邊人的社會提示和故事學習什麼是「安全」與「危險」，這些身邊人包括父母、老師、朋友，以及來自書本、電視、電影的訊息。

我們運用各種溝通方式呈現「應該要恐懼某樣東西」（無論那東西是否是虛構的）的想

法。隨著時間的推移，這些提示逐漸深植於我們內在，最終成爲自動反應。重新定義我們已內化成爲眞理的故事，並過濾掉未來由恐懼驅動的訊息，這些是培養更有勇氣的心智不可或缺的步驟。

第三層：個人的恐懼

個人的恐懼因人而異，取決於個體的經驗、人格、觀點。舉例來說，我可能會害怕害別人不高興，而你可能會毫不在意地隨時挑戰現狀。

最陰險狡詐的個人恐懼，並不是威脅生命、與外在肉體存活相關聯的大型恐懼（例如逃離一隻熊），而是潛藏在日常生活細節中、正在局限自我潛能的小小恐懼。這些內在的個人恐懼正是《恐懼與超越》最能幫忙的地方，那裡有我們感受到卻不常討論或承認的恐懼。

以下幾則個人恐懼的實例經常形塑我們的思想、舉止、行動：

- **失敗**：無論是個人或專業方面，害怕不符合期望可以輕易地引發焦慮和自我懷疑。屈服於這類恐懼，等於犧牲掉從錯誤中學習並因此變得更加強大的機會。
- **成功**：弔詭的是，害怕成功可能跟害怕失敗一樣令人不知所措，因爲我們會擔心隨著達成目標而來的全新期待與責任。

- **改變**：很容易害怕未知與伴隨重大人生改變而來的崩潰瓦解，無論那是職涯轉換、搬遷或關係重塑。害怕改變可能會使我們困在自己的舒適圈中，阻礙了進步與成長。
- **被拒絕**：源自於害怕「不值得被愛」或「無價值」，拒絕穿越這類恐懼的人們，往往避免承擔具戰略性的風險，從而錯失正向的成果。
- **寂寞**：害怕被孤立或孤單一人，這可能會影響社交活動、關係乃至職涯選擇的決定。
- **不確定性**：對於渴求穩定與對自我人生有掌控感的人們，模稜兩可與不可預測可能會觸發焦慮。
- **被評斷或批判**：害怕被他人負面評估，這可能會抑制個人的表達與真實的自我展現。
- **被遺棄**：害怕被遺棄或被忘記根植於依附模式，這可能對關係與情緒健康造成極大的影響。

「神經再造工程」為你打造新的習慣與行為

如果你可以更迅速地感到更勇敢，會怎麼樣呢？

在《恐懼與超越》整本書中，我會分享我最愛的「神經再造工程」，這些是生理與心理的捷徑，可以提升記憶力、專注力、創造力，而且幫助你感覺更加滿意和強而有力。這些神經再造工程透過科學與技術，優化你的身體的自然進程，達成最佳表現並改善心智健康。

我們的大腦並非一成不變，它們有能力改變與成長。「神經再造工程」就像「作弊密技」，幫助你更新並重新整理該如何思考、感受、表現，回應人生的「壓力源」。

所以，這在日常生活中是什麼樣子呢？以我自己爲例，這些技巧幫助我克服不舒服的事，那些在進行神經再造工程之前我根本不會做的事，譬如，要求符合自己價值的報酬，或是與他人分享自己的需求和渴望。

我將在這本書當中分享的神經再造工程技巧，經過策略性地挑選與開發，爲的是幫助降低壓力、提升創造力與動機，乃至幫助你更快速且有效地學習新事物。而且因爲神經再造工程是非侵入性的方法，可以微調你的大腦，因此嘗試它並沒有重大的風險。

但它們並不是萬靈丹。我的神經再造工程技巧雖然威力強大，但本意不是要診斷或治療臨床等級的恐懼，例如，根深柢固的恐懼症或臨床焦慮症。我並不是治療病人的臨床心理師。我的專長是應對日常的恐懼，將最新的科學應用到那些我們希望自己可以更勇敢點、更大膽些、更臨在當下的時刻——簡言之，就是擁有更有勇氣的心智。

我們永遠無法關閉自己的原始恐懼反應（也不會想要那麼做），但是我們可以改變自己回應恐懼的方式。我們可以學習駕馭恐懼，與它和平共處，乃至將它化爲自己的優勢。關於神經再造工程，它的「實驗性」是我喜愛的諸多事項之一。

並不是每一種方法對每一個人都有效。但是假使不嘗試，就不會有「啊哈！」的靈光乍現時刻，或「那改變了我的人生」的突破。嘗試、失敗、再嘗試，正是蛻變與超越的方法。

誠如我告訴我的大學學生的話：「過程本身是重點。」

事實與虛構：恐懼的兩面

人人都會體驗到恐懼，但是體驗到的恐懼不盡相同。事實上，恐懼有兩種截然不同的類別：「真實的恐懼」（factual fear）與「虛構的恐懼」（fictional fear）。而有能力辨別此二者則是關鍵。

超越恐懼練習 1

找到你的起點

根據你目前的狀態，回答以下幾個深度提問：

1. 你是否有自信？相信自己有能力體認到和應對內在難以處理的情緒。
2. 你目前如何駕馭自己的恐懼呢？
3. 你是否向你生命中的人們有效地表達情緒？如果是，怎麼做到的呢？

4. 你發現哪些情緒最難以感受和表達？
5. 你發現自己經常被那些難以處理的情緒淹沒嗎？
6. 你有哪些應對機制可以減輕日常的壓力？

強迫大腦在兩個選擇之間做出決斷，這個簡單的動作其實可以幫助我們跳脫恐懼的循環。沒錯，確實有許多害怕的理由，但是有時候，我們的頭腦會在並不眞正需要的時候啓動恐懼反應，導致糟糕的決策，使情況惡化，進而產生更多的恐懼。

以下是「眞實的恐懼」與「虛構的恐懼」之間的差別：

眞實的恐懼：眞實的恐懼使我們免於傷害，那些發生在當下時刻且發生在與他人共有的現實中，不只是發生在我們自己的思想中。眞實恐懼的實例是，如果在交通尖峰時段，必須奔跑穿越八線道的高速公路，你可能會感到驚恐，或是，你闖紅燈，然後立即看見警車出現在後方，於是懼怕感席捲而來。即使你從來沒做過以上這些事，對負面後果的恐懼也使你不敢做那些事。如果你在夜間走過黑暗的小巷並聽見腳步聲，你自然而然的反應是感到害怕，那是眞實的恐懼在告訴你，你可能有危險，務必小心謹愼。眞實的恐懼有裨益，因爲它幫助我們避開具威脅或有危險的情境。沒有眞實的恐懼，我們勢必經常讓自己置身險境。

虛構的恐懼：這些恐懼並不是根植在共同的現實中。雖然虛構的恐懼可能受到某個眞實事件或故事的啓發，但它們往往只存在我們的頭腦中，並不屬於我們與他人共有的此時此地。

「反覆思考」（ruminating），是虛構的恐懼出現在我們日常生活中的一種方式。許多人把「反覆思考」歸類成擔憂，但它其實是個專有名詞，描述陷入強迫性思考的循環之中，在很長一段時間中想著起因、後果、有可能的解決方案。當我們卡在「反覆思考」的循環時，就會不由自主地老是想著過去的體驗或懸而未決的課題，努力深入洞悉或預測未來有可能的結果。「反覆思考」是一種自我挫敗的模式，可能導致壓力、抑鬱、焦慮升級。這種思考狀態很容易讓頭腦陷入「最糟情節」的深淵，啓動身體的恐懼反應，使你感到緊繃與枯竭。

說實話，我們都曾經有過那樣的經驗——躺在床上，反覆琢磨著朋友說過的某句評論，試圖解譯那句話的眞正意思，或是事後揣測著自己在工作會議中說過的某句話是否穩妥。我們在頭腦中再三重播那個場景，結果感覺到焦慮加劇，懼怕著未來的互動。

假使你跟我一樣，容易陷入反覆思考，那麼重要的是，你需要運用策略好好武裝，幫助自己將注意力重新導向，離開反覆思考，爲比較健康的思考模式創造空間，例如，這整本書即將介紹的「神經再造工程」就是這類思考模式。一旦你將這些技巧新增至你的工具箱，搭配深呼吸、冥想、撰寫日誌、鍛鍊等自我照護的基本原則，你會發現，自己更能夠與朋友、同事、摯愛連結，並投入為你帶來喜悅的一切事物。

虛構的恐懼這一類型往往奠基於錯誤的假設，或不再適用於當下情境的過去經驗。極端情況下，它們也可能發展成無理性。舉例來說，常見的虛構恐懼是：長大成人後，你極度害怕在會議中發言，因爲在三年級的課堂上發言時，你遭人排擠。其他虛構恐懼的實例都與成功有關（或是所謂的「冒牌者症候群」），包括恐懼失敗、恐懼改變或恐懼被拒絕。當我們害怕追逐自己的夢想，或因爲太過害怕而不敢承擔風險，這時，我們體驗到的就是虛構的恐懼。

> 當我們害怕追逐自己的夢想，
> 或因為太過害怕而不敢承擔風險，
> 這時，我們體驗到的就是虛構的恐懼。

事實與虛構：森林中的熊

我的伴侶克雷格決定一日來回攀登加州的惠特尼山（Mount Whitney，美國本土四十八州中最高的山峰），以此慶祝太陽又公轉一周，來到他的生日。這並不是我擅長的那種健行，但是身爲體貼的伴侶，在天亮之前五小時，我就載著克雷格和他兒子萊利來到登山口，目送他們的身影消失在登山小徑，讓他們踏上預計在中午前抵達山頂的旅程。

雖然在高海拔地區幾乎收不到手機訊號，但是偶爾收到的幾則簡訊讓我安心，知道他們進度順利，預計在晚餐時間返回基地營。他們當天的健行路程總共是三十五公里，所以爲了鞏固我空前「最佳基地營女友」的地位，我決定在他們回來時，準備好一頓熱騰騰的美食等待他們。爲了達成這個目標，我開車前往附近的小鎮龍柏（Lone Pine），爲克雷格和他兒子買了一份肉食愛好者愛吃的披薩，作爲勝利的生日驚喜。

我載著披薩加速開回山上，夏日的夕陽正落在惠特尼山嶙峋的山峰上。我記得，開車進入基地營的停車場時，空氣中瀰漫著加州鼠尾草的溫暖氣味，混合著義式辣肉腸、香腸、培根、莫札瑞拉起司賦予生命的芳香。我沉浸在自己的白日夢中，甚至沒有注意到一名男子邊走過來邊對我喋喋不休地說著話。他有一把比我的手臂還長的灰鬍子，身上帶著一種無所不在的氣息，令人想起加州風的「灰袍甘道夫」（Gandalf the Grey，譯注：《魔戒》中的角色）。

由於一開始沒有仔細聽，所以我以典型的方式回應道：「抱歉，你說什麼？」

「你的車裡有食物嗎？」他邊問邊指向我的車子。

「喔，呃，有啊，」我說，「我有一個披薩。」

「我不會把披薩留在車裡，」他挑起一側的灰眉毛建議道，「把披薩放進防熊食物箱吧，就在那邊。」

我有點不悅地想著，但沒說出口：「謝啦，老兄。我是生物學家，我懂得怎麼跟大自然相處。」我反而禮貌地婉拒了他的建議，解釋說，我不會停留太久，只是在等幾位登山客下山。

「那樣想眞的不太明智哦，」惠特尼山的甘道夫回答道，「熊可以像打開罐頭湯一樣，把那輛BMW撕開。」

我勉強地笑了笑，回答說：「好吧，試試看應該也沒差。」然後慢慢地走向防熊食物箱，啪地一下把超大盒的披薩放進去，然後噹地一聲關上厚重的金屬門。

接著，我躺在附近開滿野花的草地上，看著太陽沉入地平線，同時注視著登山口，等待著那兩個男生回來。他們如期歸來，趕在天全黑之前幾分鐘。我把他們留在車邊，自己走去拿那盒披薩。我其實是半走半跳地走向防熊箱，想像著他們會如何讚嘆我、愛慕我。

防熊箱用厚實的灰色鋼鐵製成，大約一．二公尺高，向後延伸大約一．五公尺。由於正値盛夏，遊客眾多，防熊箱塞得滿滿的。我的披薩盒被擠到最裡面，我只好爬進去拿。我的身體幾乎整個腰部以上探進去，手指快碰到盒子時，我突然聽見身後傳來急促而響亮的叫喊聲。因爲那不是我聽得懂的語言，所以沒多想。終於抓到披薩盒後，我扭動著身子出來，然後抬頭，看見一隻成年黑熊蹲坐在防熊箱上，離我的臉只有不到二十公分。

這時，我的眞實恐懼反應瞬間啓動。

我把披薩從防熊箱裡拉出來，猛力關上金屬門，「噹」地一聲震得我耳膜作響，然後高速狂奔回到車上，同時大聲喊道：「有熊！發動車子！！有熊——啊！！！」克雷格和萊利問都沒問，就雙雙跳進車內，我則帶著披薩滾進後座。克雷格一踩油門，聲音出奇冷靜地問道：「你剛才是偷了哪隻熊的披薩嗎？」

我氣喘吁吁地反駁道：「才不是！是我的披薩，絕不可以讓那隻熊搶走這盒四十五元的披薩！」

就在我抓起那盒肉肉披薩拔腿狂奔的一瞬間，我的大腦完成了一場化學與荷爾蒙的雜技表演，這樣的設計爲的是讓我的身體進入求生狀態。我感覺受到威脅，於是大腦釋放出「戰鬥或逃跑」（fight-or-flight）反應，讓我的系統湧入大量的腎上腺素和皮質醇，促使我力量大增，得以毫髮無傷地回到車子上。這聽起來令人印象深刻，但我只是照著進化爲我準備好的劇本行動。

「眞實的恐懼」（例如被熊追）存在我們共有的現實中，而且當下發生，不是發生在過去或未來。當眞實的恐懼出現時，我們的身體完全知道該怎麼做。眞實的恐懼也比較容易談論和接受，因為根據禮教社會的標準，它們被認為是比較「正當合理」的。當眞正威脅生命的事件發生時，人人都同意你應該害怕，毫無疑問或毫不羞愧。

如何分辨真假恐懼的差異？

虛構或眞實的恐懼都有保我們安全的潛力，但它們也可能使我們困陷在自己打造的牢籠中。是的，有許多値得害怕的事物——關鍵是，學會如何讓自己的虛構恐懼像一陣強風，推動我們前行，而不是像流沙一樣困住我們。雖然虛構的恐懼在某種程度上可能根植於眞相，但是它們使我們無法抵達想去的地方，使我們無法成為理想的自己。還好，虛構的恐懼也是我們最有力量改變的那一類恐懼。

但是你該如何分辨眞實恐懼與虛構恐懼之間的差異呢？一個很好的經驗法則是：一旦危險過去，而你回復安全狀態，恐懼隨之消失，那就是「眞實的恐懼」。舉例來說，我不會整夜反覆想著那隻惠特尼山的黑熊是不是在生我的氣，氣我落跑了，因為這是眞實、發生在當下的恐懼。另外一個實例是，如果你必須立即緊急剎車，才能避免與另外一輛車擦撞。體驗到發生那事期間，你會感到害怕，但事後，你會回歸日常，不再多想——因為那是「眞實的恐懼」。然而，如果你在會議中被人打斷發言，於是無法甩脫工作上表現「不夠好」的恐懼，導致你不斷煩惱是否會丟了飯碗，那麼你正在體驗「虛構的恐懼」，那會持續扯你後腿。

按壓「合谷穴」

「合谷穴」又名「虎口」，位於雙手的拇指與食指之間。

按摩這個穴位的好處，得到傳統中醫與科學的支持。具體而言，按摩合谷穴有助於經由雙手的橈神經，刺激人體最長的腦神經——迷走神經。按摩合谷穴可以發出信號，示意產生感覺美好的神經傳導物質，解除大腦的「預設模式網路」（DMN, default mode network），啟動副交感神經系統（神經系統負責讓你感到鎮定、休息、消化的面向，也是與「戰鬥或逃跑」反應相對立的系統）。後續我們會進一步深入探討這一切（見第二四八頁），但現在，我希望你學會一項快速見效的「神經再造工程」。我個人經常使用這個技巧，尤其是如果剛好在凌晨三點醒來，頭腦胡思亂想著還沒有完成的一切事物，或是我在一年前說過、但除了我誰也不記得的尷尬事。

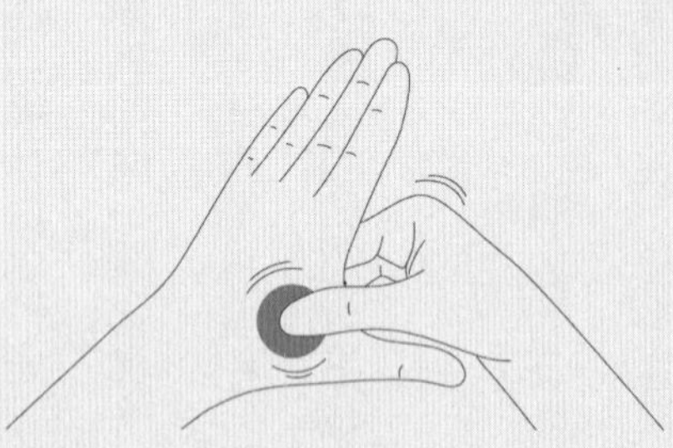

若要獲得按摩合谷穴所帶來的積累勇氣、減少恐懼的好處，首先要找到合谷穴：一手大拇指放在另一手的手背上，該手食指則放在另一手的手掌側，即另一手大拇指與食指形成的「虎口」最低點。這個神奇的穴位在虎口下方，靠近拇指根部。穩穩按壓，並以畫圓的方式按摩三十至六十秒。然後針對另一手重複。現在就試一試，看看是否感覺壓力減輕了些。

至於虛構的恐懼，即使感知到的威脅早已消失，相關的念頭與情緒卻仍揮之不去。學會分辨「眞實的恐懼」與「虛構的恐懼」是一項重要的技能，因爲虛構的恐懼可能會對我們的生活造成極其負面的影響。虛構的恐懼對心理健康與幸福快樂的侵蝕，甚至比眞實的恐懼更陰險狡詐。然而，一旦我們學會識別虛構恐懼的源頭，就能好好正面對治這類恐懼。

準備好突破你的恐懼循環了嗎？

擁抱恐懼，視之爲盟友，這是開啓你的最大潛能的蛻變關鍵。

由於承認恐懼的存在並理解它的訊息，你可以利用恐懼的能量驅策你邁向成長與成功，而不是把能量浪費在擔憂或逃避機會。

你已經足夠堅強，可以面對未知，且因此變得更大膽、更睿智、更有韌性。你以前曾經辦到，絕對可以再次做到。

在下一章中，你將會探索體認、檢視、重新架構對你的勇敢人生不再有助益的故事。這些故事可能來自你的過去、你親近摯愛的那群人、你喜愛的媒體或你持續在心中反覆告訴自己的劇本，它們最終影響你的行動，使你困陷在恐懼的循環中。唯有透過新的思維、新的言語，以及新的行動，我們才能跳脫這個恐懼循環。因爲改變本身可能很困難，我會運用在「勇氣探索」中找到的可執行步驟，以及運用大量的「勇氣突破練習」進行神經再造工程，讓這個過程變得容易許多。

我興奮雀躍，能夠成爲你在這趟旅程上的嚮導，因爲當我們療癒自己時，也就不自覺地療癒身邊的人。

恐懼不是路障，而是通向非凡人生的踏腳石。

你準備好要全力以赴了嗎？

> 恐懼不是路障，
> 而是通向非凡人生的踏腳石。

第2章

無所畏懼只是假象

有些人無法活出自己的夢想，因為他們活出自己的恐懼。

——雷斯．布朗（Les Brown）

曾經有人問我，勇氣是不是恐懼的反面。我稍作停頓，便以響亮的聲音回答「不是」。我們很容易把勇氣想成恐懼的反面，但事實上，它們交織糾纏，宛如兩根正在生長的藤蔓。勇氣來自於面對並穿越生命中艱難的時刻。它既不是有限的，也不是靜態的。你並不是天生就有勇氣或沒勇氣，因爲勇氣是流動的，可以在一生中隨著多加練習和運用工具而不斷增強。

在西方文化中，恐懼太常被視爲負面且非理性的情緒，要不計代價地加以迴避，不然就是認爲，恐懼導致人們潛抑眞實的體驗，不願公開談論。我們甚至避免說出「恐懼」這個詞，而用「壓力」這樣的籠統詞彙或「快崩潰了」之類的委婉說法取代。但是感到害怕並不可恥。那是一種進化反應，意在保護我們免於危險。那不是我們的錯。在我們成長的世界中，幾乎不承認恐懼這個非常人性的特點，更遑論鼓勵公開討論與探索。

我們潛抑恐懼的文化隨著科技的進步而變本加厲，這讓許多人感到有壓力，必須對外界展現出勇敢的一面。從管理壓力到應對棘手的人際關係，能夠理解並勇敢地回應，可以幫助我們掌控自己的人生，活出更多充滿活力的時刻。

當我們重新檢視自己與恐懼的互動方式，然後開始管理自己與恐懼的關係，就可以逐步拆解由人類的生物學、社會、家庭、我們自己創建的恐懼「牢籠」。我們需要停止將恐懼與軟弱或無能劃上等號，逐漸看清恐懼的眞實面貌：它其實是一次追求成長、韌性、蛻變的契機。

若要了解「勇氣」，我們必須先認識「恐懼」。

當我被問到先前那個問題「勇氣是不是恐懼的反面」時，但願我當時的回答是「恐懼的反面是欣喜若狂」，那是極其自由、興奮雀躍、無限喜悅的感受。我們犧牲掉在浪濤中嬉戲的忘我之樂，追求在岩洞中很安全的幻覺。我們捨棄大笑到雙眼流淚的機會，尋求與外界斷連和隱藏眞實自我的虛假保障。

活在恐懼築起的牢籠中，使我們錯失與生俱來的生命活力。所幸，你可以開始拆除這些牢籠。請拿起榔頭，我們一起開工吧。

「無所畏懼」的迷思

我們被各種訊息轟炸，告訴我們要「無所畏懼」。從廣告、到咖啡杯、到T恤，社會敦促我們在職業生涯、人際關係、整個人生中都要沒有恐懼。這些訊息的潛台詞是：「無所畏懼」是終極目標；毫不畏懼必能成功。我以前也這麼認爲。我相信，只要可以無視或隱藏自己的恐懼，營造「無所畏懼」的假象，我就會好好的。顯然，周遭的每一個人都早就搞定了恐懼這件事，不需要幫忙。所以，我以爲，只要在別人面前持續假裝無所畏懼，那麼有一天，我一定會達到這種幸福無比的狀態。

但是，假使無所畏懼根本不可能存在，該怎麼呢？假使無所畏懼只是假象，該怎麼辦呢？

二〇二二年底，運動服飾品牌PUMA（彪馬）推出了名為「無懼世代」（Generation Fearless）的行銷活動，口號是「找到無所畏懼的你」（Find Your Fearless）。這支充滿腎上腺素的廣告鼓勵觀眾在面對挑戰時要「無所畏懼」，同時展現了職業足球明星薩拉．比約克（Sara Björk）與內馬爾（Neymar）的英姿。廣告中，一枚宛如「超級盃」（Super-Bowl，譯注：美國國家美式足球聯盟的年度冠軍賽）的巨大金戒指在螢幕上旋轉，上面刻著「無所畏懼的世界冠軍」（Fearless World Champion），隨著音樂聲逐漸增強，畫面快速切換，觀眾看見年輕人活出精彩人生的畫面。廣告最後，戲劇性的嗓音說道：「如果你想要成就大事，就必須無所畏懼。」

這個廣告核心的迷思是：唯有無所畏懼的人，才能成功與完整；反之，如果你害怕，你就支離破碎。這則商業廣告沒有呈現的是，成為職業運動員所需要的多年訓練與勤奮。廣告沒有

> 但是，假使無所畏懼根本不可能存在，
> 該怎麼呢？
> 假使無所畏懼只是假象，該怎麼辦呢？

提到比約克和內馬爾如何經年累月地磨練技術，或是他們一路上忍受的傷痛與挫敗。相反的，那則商業廣告將一個有毒的迷思化為不朽：無所畏懼開啓人類的潛能，而且某些人天生有勇氣，同時某些人天生不勇敢。那根本不是事實。

勇氣並不是與生俱來的特質，它是可以隨著時間的推移而逐漸學到和培養的東西。

當我開始面對我的恐懼時，我與「無所畏懼」相去甚遠。我一點也不覺得自己勇敢，所以我以為，我要假裝勇敢，直到達到眞正勇敢為止。我認為，跳傘之類的危險特技可以證明我無所畏懼，也因此使我變得無所畏懼。但事情根本不是那樣運作。事實上，如此追求征服心中的恐懼不僅徒勞無功，更令我筋疲力竭。最終，我領悟到，這種方法耗費我太多的寶貴時間、心理健康，甚至累及我的職業與個人的成功。因為在我並不眞實的逞強外表背後，其實是滿滿的恐懼與不安。直到我終於學會擁抱自己的恐懼——明白並接受「無所畏懼」根本不存在——我才開始把恐懼視為一種賦能培力的力量，而不是令我虛弱的障礙。

勇氣並不是與生俱來的特質，
它是可以隨著時間的推移
而逐漸學到和培養的東西。

當你透過神經生物學的透鏡審視「無所畏懼的迷思」，那個觀念就完全站不住腳，因為長時間「無所畏懼」，在生物學上幾乎是不可能的。除了極爲罕見的基因疾病「皮膚黏膜類脂沉積症」（Urbach-Wiethe disease）讓患者失去感到恐懼的能力外，「無所畏懼」根本不存在。「皮膚黏膜類脂沉積症」非常罕見，自一九二九年首次發現該疾病以來，全世界僅報告過大約四百宗病例。

在沒有醫療疾病的情況下，「進食」是人類最接近眞正「無所畏懼」的時刻，進食是一個良性的過程，它向大腦發出信號，示意，我們很安全，可以暫時消耗燃料。然而，只要把一口食物呑下肚，這個極其短暫的無所畏懼時刻就會消失，讓我們回到與開始進食前相同的情緒狀態。實際上，「無所畏懼」的迷思不僅是不切實際的期待，而且在生物學上根本不可能達成。

但無所畏懼的迷思最糟糕的部分或許是，當我們無法保持「無所畏懼」時，就痛打自己。儘管我們盡力「選擇無所畏懼」，但恐懼還是不可避免地悄悄溜進我們的生活中，讓我們感覺自己好像失敗了，正在邀請羞愧感與日常的焦慮和壓力依偎相伴。這往往導致我們加倍消沉，更進一步潛抑自己的恐懼感。

當降落傘沒打開

我深夜開車，從芝加哥歐海爾（O'Hare）國際機場出發，剛剛抵達「芝加哥高空跳傘」（SkyDive Chicago）。翌日早晨，我要會見一群朋友，體驗人生第一次高空跳傘。剛到沒多久，我發現自己一臉震驚地盯著我的朋友威爾，他正在描述當天的經歷，以及爲什麼整個營地都在慶祝。

「等等，抱歉，你剛才是說，你今天差點兒死掉？」我問道。

他用那種穿越過生死的人才有的平靜語氣回答說：「對啊。我是說，我的主降落傘打不開，當時，我嚇得魂飛魄散！那是我第一次在跳傘時必須使用備用傘，我眞心希望，不要再有在三千公尺高空主傘故障的經驗了！」

接著，我不認識的某人走到威爾面前，高舉一手擊掌，同時喊道：「無所畏懼的好兄弟啊！」那語氣滿是敬意和尊重，彷彿「無所畏懼」是一座神聖的祭壇，只有少數人可以在此膜拜。那樣的無所畏懼意謂著，你做了某件困難的事，但沒有感覺到不安、驚恐或焦慮。

那一夜，我與其他跳傘學員一起爬進帳篷，思索著威爾當天的遭遇以及他面對那事的態度。他始終沒有聲稱自己無所畏懼；事實上，他非常坦率而誠實地談到當時純粹感覺到極度的恐懼。他並沒有覺得需要用假裝無所畏懼的假象來掩飾自己的眞實體驗。當然，對於差點從天上墜落，卻沒有東西可以拯救你這類比較容易被人理解的經驗，坦誠說出自己的恐懼可能比較容易。但是關於內在的恐懼，例如，害怕不夠好或不值得被愛，則比較難以公開承認。

早晨六點來得太快，那是該要穿上全套服裝、準備跳傘的時候。先上了一堂簡短的訓練課，學習如何操作我的雙人降落傘（主辦方當然不會讓新手自己一個人跳傘），然後我們登上了一架沒有座位的小飛機，機艙內，我被夾在兩個剛認識的男人中間。隨著飛機越飛越高，我的勇氣逐漸下沉。很快輪到我了，我走到機艙門口，往下凝視著遙遠的大地。我的心狂跳，我的胃在翻騰。我想回頭，但是跳傘的時刻到了。站在敞開的機艙門邊，心中突然混雜著興奮雀躍、極度恐懼、期待盼望。我的教練說，我們會在數到五的時候跳下去（不過我很確定，他只數到三，就把我們倆一起拋進危險的高空中）。

我還來不及完全反應現在是什麼情況，我們就已經是自由落體了。狂風呼嘯著穿過我的頭髮和衣服，我的大腦裡只剩下一個念頭：活下去。但是接下來，當世界似乎在我們下方無限地延伸，心中的極度恐懼慢慢轉變成敬畏。等我停止尖叫，竟然感覺到出奇地平靜，而且連結到某種比自己恢弘許多的東西。經過一段弔詭地既感覺太短又似乎太長的時間，教練對我比出大拇指，表示開傘的時間到了，於是我們輕輕地向下飄到著陸區。

回到堅實的地面，我有一份自豪感，儘管心中驚恐，但我還是完成了高空跳傘。而且領悟到，令人振奮的體驗之所以成眞，並不是因爲我無所畏懼。它之所以發生，是因爲，儘管我害怕，卻還是選擇了要有勇氣。在那一刻，我確切地體認到：「無所畏懼」並不存在。我還意識到，我剛剛在柔軟的草地上扭傷了腳踝，這提醒我：最美好的人生功課需要付出代價。

我們都害怕「害怕的狀態」

你上一次大聲說出F開頭的那個字，是什麼時候了？不，不是你以爲的那個F字，而是另外一個，比較嚇人的那一個。

關於「恐懼」（Fear），我們的對話不是有問題，就是根本不存在。許多時候，談論「恐懼」的時候，我們感覺不自信，因爲在西方社會中，有許許多多與恐懼相關的羞愧。我們從來沒有被教導過該如何健康地面對驚慌和懼怕。因此，我們的恐懼是被低估的，而且許多人不了解自己的恐懼感。往往，我們甚至無法談論恐懼，因爲那會讓別人不舒服。「恐懼」這個詞本身就令人無法忍受。

這裡有個小測驗：你是否曾經覺得，好像在文化上，適合害怕的唯一時刻就是看恐怖電影或搭雲霄飛車的時候？

這類引發恐懼的活動具有宣洩的效果，因爲在觀賞《驚聲尖叫》（*Scream*）或搭乘「大怒神」（The Death Plunge），可能體驗到的恐懼感，最終是在你的掌控之下。如果你太過害怕，始終可以離開電影院，或要求不搭雲霄飛車。

儘管我們好希望將所有的恐懼情緒裝進盒子裡，只在想要面對的時候才打開，但人生卻不是那樣運作。恐懼就像惡作劇，你打開一罐洋芋片，一條充氣蛇突然間彈出來。你的恐懼並不在乎你期待什麼，也不在乎你以爲自己握有多少的掌控權。

我們不斷被觸發心中恐懼的社會訊息淹沒，這個事實加劇了恐懼的不可預期性，尤其是當這些訊息告訴我們需要完美無瑕——完美的身材、完美的工作、完美的人生。

加上我們從小被社會教導：恐懼等同於軟弱，最好的情況下也只是把它視爲不受歡迎的情緒，最糟的時候則是道德失敗的標誌，也難怪我們感受到壓力，要否認恐懼，才能表現得完美無瑕。我把這個有毒的混合物稱作「恐懼的社會潔淨化」（social sanitization of fear，「社會潔淨化」是指讓一個人可以被自己的社會群體接受的過程）。在社交媒體的時代，我們的網路逐漸擴展至全球規模，有時候，我們可能會覺得，需要對「全」世界展現勇敢的面貌。

我們談論恐懼的方式也有問題。我們都有過這樣的經驗：你覺得被某個大型專案壓得喘不過氣，不確定自己是否有時間、才能或資源可以完成。你約了摯友喝咖啡小聚，截止日期逼近之際，這是小小的享受，你剛坐下來，朋友就脫口而出：「哇嗚，你看起來壓力好大！」

如果你跟我一樣，你會立馬滔滔不絕地訴說，傾瀉積壓已久的強烈懼怕感。但是爲什麼我們用「壓力」這個詞，而不是「恐懼」呢？一種解釋是，「壓力」比「恐懼」以及「懼怕」和「焦慮」等相關形容詞，更容易被社會所接受。畢竟，「壓力」不是情緒，它是對外在刺激的生理反應。不管怎樣，多數人用「壓力」這個詞會比較自在，因爲它暗示，我們可以管控或應對情境，不需要許多支援。

語言有力量形塑我們對周遭世界（包括自己的情緒在內）的理解。對許多人來說，「恐懼」意謂著負面、非理性的情緒，應該要迴避或淡化。於是我們持續使用「壓力」這個詞作爲「恐懼」的委婉說法。「壓力」的情緒色彩比較淡，因此可以幫助我們維護對自我感知的掌控感。由於使用「壓力」這個詞而不是「恐懼」，我們就能以比較正向的方式爲自己和周遭人呈現自己的情緒體驗。這也讓我們的「恐懼」相關對話變得有問題，這個主題很少被明說，甚至很少被承認。

畢竟，「壓力」不是情緒，
它是對外在刺激的生理反應。

對我而言，小時候的晚餐時間對話，從來不是討論心中不安或焦慮的場合，而大學中當然也沒有人爲我提供任何的壓力管理講座。當承認恐懼的情緒被看作是一項弱點時，我們所使用的共同語言就變得含蓄委婉。也許我們相信，只要把自己的恐懼隱藏在「有壓力」之類的詞彙背後，就會讓恐懼變得不那麼嚇人。但那麼做只是延長我們的苦難，幾乎改善不了我們的人生。

因此，我們「潔淨化」自己的恐懼，一點一滴地接受它，例如，與朋友一起觀賞恐怖片，或是在萬聖節去鬼屋探險。因爲「潔淨化」日常的恐懼，讓我們能夠忽略它們，在西方社會中，這已是根深柢固的標準，多數人都不自覺地那麼做。我們並不承認現代生活中令人害怕、有時候讓人驚恐的面向，反而被期待要假裝自己什麼都不怕。

更糟的是，當我們過度聚焦在「社會潔淨化」時，我們便錯失掉成長的重要契機。爲什麼呢?因爲「社會潔淨化」局限了創意與表達，讓人不敢承擔風險，鼓勵順從而不是個體性，最終只會讓人感到更加焦慮和不安。

我們崇尚且獎勵勇敢，讚頌那些在面對巨大阻力時毫不退縮的英雄人物，他們不顧自身安危，爲了拯救王國/城市/世界而做出必要之舉。我們往往把這些人視爲天生勇敢，彷彿他們不知怎地擁有宇宙賦予的特殊力量。我們被灌輸的信念是，這些非凡的人物從不感到恐懼，而像我們這些爲恐懼感所苦之人，注定要虛弱無力地過一輩子。這種觀念在許多層面都是錯誤的。沒有人「天生勇敢」，而恐懼也不是道德

沒有人「天生勇敢」，

而恐懼也不是道德上的缺陷；

恐懼反映出，

我們的腦如何為了生存和茁壯而進化。

上的缺陷；恐懼反映出，我們的大腦如何為了生存和茁壯而進化。

當我們一起踏上這趟旅程，學習、放下、重新定義我們對恐懼和勇氣的一切認知時，我希望你記住以下三大重點：

一、恐懼是我們的生存機制

在神經生物學上，我們每一個人天生都會「感受到恐懼」，這意謂著，體驗到恐懼很健康。恐懼幫助我們做出讓自己安全的決定，保護我們免於傷害。恐懼幫助我們決定把上週的雞肉沙拉三明治扔掉，因為我們不想冒著食物中毒的風險。恐懼提醒我們，要繫上安全帶，也鼓勵我們為退休而儲蓄。認為世界上有些特別的人天生有勇氣或無所畏懼，這樣的想法根本是無稽之談。事實上，與大眾的想法恰恰相反，恐懼才是我們最好的防衛機制。

當我們開始感知到恐懼，把恐懼視為就跟其他身體功能一樣時，我們便開始放下過去一直被灌輸與恐懼相關的羞愧感，這是強而有力的第一步。

二、勇氣是流動的

我最愛的三種生態系是：熱帶生態系、海洋生態系，以及清澈涼爽、清新流動、生物學迷稱之爲「河岸帶」（riparian）的河流生態系（我基本上就是個水精靈）。我最愛的其中一種健行是，沿著青蔥的河岸帶緩緩前行。和那些切穿空曠田野或登上綿延丘陵頂端的路線不同，河岸帶的小徑通常彎彎曲曲、無法預測，而且從頭到尾泥濘不堪，因爲河川時而擴張、時而收縮。我們的勇氣好像一條河岸小徑，隨著河水暴漲和退縮，某種意義上，那就像人生的某些季節乃至同一天的某些時段，我們發現自己勇氣豐沛，而其他時候，卻發現自己的勇氣減縮到只剩下涓涓細流。

勇氣既不是有限的，也不是固定不變的，更不是與生俱來的。這種流動性意謂著，勇氣可能會改變，也可以被學習。是的，你可能在某些人生面向天生比較勇敢，但是每一個人都可以學會變得更勇敢。就好比，與窩在沙發裡滑手機相較，在崎嶇不平的河岸小徑健行，可以更快速地鍛鍊出漂亮的臂肌，同樣地，透過能夠挑戰你並使你主動參與的實作法，加上運用適當的工具和知識，必會加速鍛鍊出你的勇氣肌肉。

三、人類所有恐懼的根源

更深入地探究平日常見的恐懼時，我們會發現，恐懼的根源來自兩種截然不同的情緒體驗：失去掌控的恐懼以及有所不足的恐懼。有時候則是結合兩者的混亂版本。我知道，當恐懼劫持你的大腦時，感覺並不是那個樣，但實際上就是那麼簡單。不管怎樣，當我們學會暫停一下，斷定當下的恐懼屬於哪一種，恐懼就可以逐步降溫，讓我們的大腦降檔，進入「勇氣的狀態」。

真實犯罪與謀殺懸疑故事讓我們感到安全

溫馨系謀殺懸疑故事，是我最愛的一種有聲書類型（我說「有聲書」是因爲，我酷愛邊聽書邊遛著我的愛狗班迪，或是邊聽書邊打掃，因爲說實話，打掃就是我的有氧運動啊）。我只看「溫馨系」謀殺懸疑故事，因爲這類故事不會深入描述暴力的細節，主角通常是一位從來沒有破過案卻最終逮到兇手的大膽女性。這讓我有一種「嘿，那完全可以是我啊！」的感覺。無數像我這樣心理健全、不行兇、有生產力的社會成員，經常窩在沙發裡觀賞、聆聽、閱讀眞實犯罪以及以此爲靈感的虛構故事。但是我們爲什麼會如此著迷於這類陰暗故事呢？爲什麼我們會被一個人可能施加於另外一個人的最墮落行爲吸引呢？我們是否可以善用這種吸引力，讓自己感覺更有勇氣呢？

事實證明，觀看眞實犯罪與謀殺懸疑故事，不僅只是娛樂，還有一些經過證實的好處。

這些故事幫助我們理解悲劇

人類之所以對暗黑題材的某部分著迷，源自於渴望理解悲劇，尤其是當那個悲劇似乎深刻然而又本可避免。舉個太常見的例子：現場槍擊事件。這似乎很弔詭，但是由於離無意義的暴力行爲更近一些，我們反而感到比較安全，部分原因是，這些幫助我們理解施暴者的心理。那個靠近允許我們探索以及有時候理解爲什麼發生這些事，從而重拾對暴力行爲的掌控感。就像喪屍片幫助我們練習該如何逃離一群殭屍，眞實的犯罪活動帶來一種冷靜與掌控感，因爲我們感覺好像自己正在採取行動，準備得更充分，這讓我們感覺比較安全。

雖然不是每每都有這種感覺，但是美國和整個世界，隨著時間的推移，已經持續變得越來越安全。根據美國聯邦調查局（ＦＢＩ）的年度犯罪統計，全美犯罪率從一九九一年的每十萬人當中有七五八件犯行，到二〇二〇年的每十萬人當中有三九八件，下降了四七％。當然，這並不代表，犯罪完全消失，也不意謂著，眞實犯罪媒體在印刷品、音訊和螢幕上不再蓬勃發展。有時候，可能感覺好像在爲未來可能發生的可怕情境做特訓。面對暴力犯罪時，女性往往感覺特別脆弱，這可以解釋爲什麼許多女性讀者、聽眾、觀眾，會被謀殺懸疑與眞實犯罪故事所吸引——因爲這些故事讓她們有機會透過他人的故事學習。我們可以代替故事中的角色或播客主持人活在故事中，同時在一旁安全地分析和判斷，心中想著：「我一眼就能看出誰是連環殺手！」

一次一步

在二〇一八年的紀錄片《法律女王》（*Notorious RBG*）當中，露絲．拜德．金斯伯格（Ruth Bader Ginsburg）說過：「真正的改變、持久的改變，是一次一步發生的。」這句話適用於所有類型的改變，包括強化你的勇敢心態所需要的改變。

在你努力變得更勇敢之際，要找出一項讓你有點害怕的活動，這東西稍微超出你的舒適圈，但又不至於真正嚇人。好好觀想這個活動以及它所帶來的恐懼。這個練習的目的，是逐步訓練你的大腦不那麼害怕那樣東西，幫助你循序漸進地培養勇氣。

這種突破舒適圈的活動會因人而異。對我來說，突破「乖乖女」社會標準的任何東西都有點嚇人（不意外，這與我的成長背景有關）。當我實際演練這類培養勇氣的方法時，我會嘗試做些打破那類「乖乖女」形象的事。我不再對身邊的每一個人說「是」同時忽略自己的需求，反而練習說「不」。我對「害怕不被喜歡」這事說

「不」，也拒絕我其實不想參與的社交活動或善行。這幫助我因為設定明確的界線而贏得尊重，也保留了能量，讓我有耐力可以完成待辦清單上排序更高的事。

以下是一份可以幫助你的指南：

步驟一：選擇一個本週要好好下工夫的恐懼，可以是任何事——公開演說、做決定或面對批評——只要是在難度範圍中偏向比較容易的那一類即可。

步驟二：你能精確地找出這個恐懼的根源嗎？你一直都有這樣的恐懼嗎？它是逐步浮現的？還是源自於某個事件呢？

步驟三：本週規劃一個你可以勇敢面對這份恐懼的簡單方法，以此挑戰你的恐懼。

步驟四：本週從採取小小的行動開始，好好練習如何勇敢面對這份恐懼。

步驟五：做得好，就要讚美並獎勵自己。

人類普遍共有的恐懼

除了對蜘蛛或小丑之類非常特定的恐懼外，以下是我在工作中最常見的十大恐懼：

一、**害怕未知或不熟悉**：許多人不知道該期待什麼或事件會如何開展。他們感覺到無法掌控結果，或欠缺自信，不相信自己有能力應對不確定的未來。這可能會導致人們避免新的體驗或有可能打亂日常生活的任何事情。他們可能會拒絕嘗試新事物或涉入不熟悉的情境，從而造成欠缺成長與發展。

二、**害怕失敗**：因為害怕讓他人失望或不成功，於是造成無法承擔風險或嘗試新事物。

三、**害怕被拒絕**：感覺被他人拒絕，無論原因為何，都可能是極大的痛苦，這導致許多人迴避人生中最有可能被拒絕的體驗，這類恐懼往往與下一個搭配出現。

四、**害怕脆弱**：因為脆弱可能會使人們感覺暴露和不安全，於是這些人可能會築起心牆，保護自己免於潛在的威脅或被拒絕。

五、**害怕即興行動：**許多人害怕，如果失去掌控，自己的人生會變得紛亂而不可預測——因此變得更嚇人！可預測性可以感覺很安全，儘管那是一種假象——我們大家都活在本質上不斷改變且雜亂無章的世界中。

六、**害怕失去：**光是想到失去某樣重要的東西（例如，工作、住家、關係或身分地位）就癱瘓了。

七、**害怕犯錯：**嘗試新事物需要有勇氣犯錯，或是有勇氣面對在某事上表現不佳。當我們害怕犯錯，可能會導致我們避免嘗試新事物，或完全不採取行動。

八、**害怕衝突：**迴避衝突或正面對峙，短期可能會感到安全，但許多時候，這只是延後決策的時間，或是讓情況變得更糟。

九、**害怕被遺棄：**無論是主動選擇，還是逼不得已，被我們所愛的人離棄總是很痛。然而，讓這種恐懼主宰人生，可能會使你無法信任他人，無法建立可以滋養你的連結。

十、**害怕寂寞：**每一個人對人際互動的需求都不一樣，有人需要大量的獨處時間，有人需要持續的陪伴。然而，當害怕寂寞主宰我們的人生時，就可能使我們陷入不健康的行為與關係之中。

眞實犯罪與（部分）謀殺懸疑故事，爲情緒提供宣洩的出口

眞實犯罪、複雜的懸疑故事、恐怖作品，都可能會觸發我們的「恐懼喚起反應」，也因此允許我們與這些難熬的情緒玩味共處。而當我們走出陰霾，最終會湧現一種如釋重負感，就像眞實生活中經歷驚險一劫之後的解脫感。事實上，那種宣洩的釋放感，就足以吸引我們關注眞實犯罪，何況宣洩之前的那些時刻，也同樣具有吸引力。

在任何精彩的眞實犯罪故事中，我們體認到告訴我們事情會往壞的方向發展的時刻，儘管不知道事情會如何發生。這種感覺就像在鬼屋裡，我們知道嚇人的事即將發生，但卻不知道是什麼事或什麼時候發生。在那些時刻，眞實犯罪讓我們透過另外一個人或角色，間接地活出這種驚恐的體驗——而我們依舊安全地窩在自己最愛的毛毯裡。我們若要逃離，只需按下播客節目（podcast）的暫停鍵，或闔上書本。這種「假性危險」讓我們安全地探索自己能夠想像的最危險空間。

當你害怕失去掌控時

當我們將自己的恐懼局限在深夜狂看《陰屍路》（*The Walking Dead*）或體驗高空跳傘時，

我們會感覺好像自己掌控全局。而且確實，人類酷愛掌控。我們需要把事情歸類，讓每樣東西各就各位，以及回答每一個問題。當某樣東西放錯地方，或根本找不到位置，我們便面臨「未知」。當我們不知道該如何回應某個情境時，就無法預測他人會如何回應，於是我們的安全感受到威脅。

可預測的日常、互動、結果讓我們感到安全，因爲我們相信自己掌控全局。當我們認爲正在失去那份掌控權時，就會將那點詮釋成威脅，進而產生恐懼反應。

這種對失控的恐懼，可能會帶來令人不知所措的失序感，使我們陷入過度分析情境和不斷自我懷疑之中。當我們覺得無法左右結果或還沒準備好要成功的時候，這種反應很常見。雖然感覺不舒服，但那是正常反應。事實上，這是數十萬年進化的結果。身爲人類，我們依賴可預測性才能生存——某些食物在特定的時節生長，習慣與日常作息確保每一個人的需求得到滿足，加上共同的規範（例如遵守交通號誌），全都有助於保我們安全。而且更重要的是，它們提供「掌控」的幻象。

當我們認為正在失去那份掌控權時，

就會將那點詮釋成威脅，

進而產生恐懼反應。

改變的勇氣

在《毒癮人生》（*Junky*）一書中，美國實驗派小說家威廉・S・布洛斯（William S. Burroughs）寫道：「當你停止成長，你就開始死亡。」無論喜不喜歡，對每一個生物體來說，這都是事實，可能水熊蟲（Tardigrades，譯注：一種水生微生物）除外，水熊蟲已經在地球上存活了大約六億年，牠們可以在沒有食物或水的情況下存活三十年，而且依舊堅韌無比。

可是改變很難，有時候是非常困難。改變也可能十足嚇人。何況突如其來的改變，甚至是一丁點的改變，都可能使我們陷入感覺失控或不夠好的恐懼旋渦之中。

但改變是好的，即使很困難。自從二〇〇〇年代中期史丹佛（Stanford）心理學家卡蘿・德威克（Carol Dweck）首次提出「成長心態」（growth mindset）這個詞以來，已有大量證明這類心態對心理與生理有裨益的研究出版。不過，並不是每一個人都把改變當作受歡迎的客人。請運用以下提示，好好深入探究你自己對改變的看法和體驗：

一、你目前已有哪些策略可以應對伴隨改變而來的強烈情緒？你覺得這些策略對你而言順利有效嗎？

二、回顧你的人生，你覺得你一直能夠輕易地分辨出哪些事是你可以改變、哪些事是你無法控制的嗎？

三、你發現改變令人興奮雀躍且主動迎向它嗎？還是覺得改變壓力山大，會不計代價地避開？

四、面對改變時，你能描述一下目前的心中雜念（你的想法與感受）是從何而來的嗎？

五、請舉出你生命中的一個人，你會提名他獲頒「最佳改變導航者」獎。這人爲何值得這樣的盛讚呢？你是否也在自己身上找到類似的特質呢？你是否想在自己身上找到類似的特質呢？爲什麼想？或爲什麼不想？

所以，當意外發生時，我們往往視之爲失控。不可預測等同於未知，而未知可能眞的很嚇人。

當你害怕自己有所不足時

害怕有所不足可能會嚴重地干擾我們的安全感。你上一次感覺到，無論多麼努力，都無法滿足人生的種種要求，失敗就像即將逼近的噴火龍，那是什麼時候呢？上星期嗎？昨天？還是今天早上？當我們相信自己無法滿足世界對我們的要求時，就會陷入深入骨髓的懼怕，那是極度害怕不夠格和沒安全感，又名「不足感」（not being enough，不夠好、不夠聰明、不夠漂亮、不夠有錢，或不夠苗條）。

現代生活可能感覺好像在競技場的群眾面前進行格鬥競賽，只是這場戰鬥對抗的是恐懼、被拒絕、斷連脫節，而不是其他格鬥士或獅子。由於人類生存的進化根源深植在社群之中，我們最害怕喪失社會地位、成功、權力、他人的愛，那是完全自然的。失去這些的恐懼可能甚至超越對死亡的恐懼。但這些是完全正常且自然的恐懼，沒有必要令人虛弱無力，也沒有必要阻礙你追求歸屬感或快樂幸福。你沒有崩壞；沒有什麼要修補。你只是需要更好的工具，讓你的旅程變得更順遂、更輕鬆。

第3章

勇氣是可以習得的

我學到，勇氣不是無所畏懼，而是戰勝恐懼。

——尼爾森．曼德拉（Nelson Mandela）

二〇〇四年夏天，爲了我的第一個生物學碩士學位，我忙著研究小型哺乳類動物，工作地點在加州東北部的華納山脈（Warner Mountains），那是一片高原沙漠區。我的研究地點離我住的地方有八小時車程，因此幾乎不可能找到免費勞工（也就是朋友）前來幫我在攝氏近四十度的高溫下，穿越鼠尾草灌木叢，搬運幾百個沉重的鋁製小型哺乳動物活捉陷阱，只爲了蒐集實地資料。這個研究地點極其偏遠，最近的「城鎮」叫做萊克利（Likely），人口僅六十三人，號稱有一間美式小餐館、一座加油站，以及一間養著一隻獨眼雌雄同體狗的酒吧（相信我吧，我沒有那麼有創意，編不出那樣的東西）。

獨自出行的第五天，我正在檢查陷阱，看看是否有小型哺乳動物因爲受不了可以偷吃誘餌的誘惑而上鉤，讓我可以溫和地檢查牠們然後再放生。就在這時，我聽見高原上迴盪起明確無誤的「砰！砰！砰！」槍聲。我的「退縮或僵住」（flinch-or-freeze）本能（反應速度甚至快過比較有名的「戰鬥或逃跑」恐懼反應）立即要我整個人俯身趴下，盡可能地讓自己躲藏在四周綿延不絕、高度不超過六十公分的矮小灰色灌木叢當中。

當我設法讓自己盡可能地縮小時，我的「戰鬥或逃跑」反應才有時間啓動，於是我的大腦快速計算可能性。這時候，眞實的驚恐才開始湧現。我的思緒從「槍聲」瞬間跳轉到「獵人」，再推斷出「大多數獵人是男性」，最後來到深入骨髓、震撼心靈的領悟：我是手無寸鐵的女性，孤身一人在樹林裡。而且不只是孤身一人，還必須面對一群可能有危險的男人，假使呼嘯而過的子彈真的是衝著我而來，而不是射向某隻肥美的鹿，那麼可以幫助我的人都遠在數百公里之外。

那一刻，腦海裡立即浮現出所有我聽過關於「女性獨自外出會發生什麼事」的故事。從小在美國郊區長大，這訓練我要對陌生男子心生恐懼，而害怕子彈只是抽象的概念（我成長於一九八〇年代，那時候，還沒有「校園槍擊演練」，大家還在玩躲避球）。在那短短的幾秒鐘內，我的思緒飛快運轉，掠過無數則從小聽來的警世故事的悲慘結局，說那些女性是因爲穿錯、戴錯了衣物，因爲說錯了話或去了「不該去的地方」。

我蜷縮在塵土中，躲在灌木叢底下，飛快地呼吸著加州鼠尾草清甜的草香，與其說害怕眞的被槍彈擊中，倒不如說我更害怕那些陌生男子可能會對我做的事。

當時我已經學會的是，比起眼前眞實飛過的子彈，我更害怕那些根植於故事、想像出來的命運。

透過勇氣讓人生更美好

勇氣是我們可以在人生中培養的最重要素質之一。大膽地活著讓我們能夠面對自己的恐懼，能夠爲自己和他人挺身而出，能夠抓住機會。勇氣也可以對我們的心智和情緒健康產生正面的影響，減少壓力和焦慮，提升幸福感。

正是勇氣讓你在面對恐懼時，可以戰勝不確定性並採取行動。此外，展現勇敢的行爲幫助你，即使因感到害怕而產生不適，也能妥善地回應人生中的風險，達成正向的結果。

勇氣使我們更堅強

有勇氣可以建立自信。當我們面對艱難的情境時，可能很容易放棄或選擇輕易的逃避方式。然而，如果我們選擇不畏挑戰，堅持到底，往往最終會爲自己感到自豪，那不僅可以提升自信，也可以幫助我們在未來感到更有能力。勇氣要求我們展現脆弱、勇於承擔風險，即使那麼做感覺不舒服。當你積累越來越多有勇氣的行動，你的自信會自然而然地提升。等積累了一連串勇敢的行爲，你對自己的感覺和信念必會逐漸改變。

> 大膽地活著讓我們能夠面對自己的恐懼，
> 能夠為自己和他人挺身而出，
> 能夠抓住機會。

勇氣使我們成為更好的問題解決者

當我們處在恐懼喚起的狀態時，負責解決問題的腦區（前額葉皮質）會暫時「離線」，於是，爲大小問題創造革新的解決方案變得很難（假使不是不可能）。藉由把勇氣當作一種日常練習來實踐，你可以在一天當中更常讓前額葉皮質（prefrontal cortex）準備就緒，隨時支援你。

成功很少輕易到來，它往往需要承擔風險和擁抱不確定性。做出勇敢的選擇可以讓你更有可能追求自己的夢想，逮住出現的機會。這是因爲你對自己的能力感到更有自信，比較不會懷疑自己。此外，當你對自己堅持到底的韌性有信心，他人也會在你的身上看見自信和自在。

勇氣減輕壓力和焦慮

由於經常擁抱勇氣，你可以提升自己的快樂、自豪、安全感。於是這種賦能培力的感覺成爲你突破當前限制的燃料。當你主動努力，穿越心中的恐懼（也就是日常語境中所說的「壓力」），你對自己的人生感到更滿意、更知足，而不是後悔你沒有抓住那些機會。

勇氣讓周遭人更有力量

勇氣具有感染力。活得有膽識，通常會被你生命中的人們注意到，也可以激勵他們做出勇敢的選擇。假使你身居權威地位，例如父母、教練或主管，以身作則領導尤其重要。當人們看見你表現得很勇敢，他們會更有可能跟隨你的帶領。這可以創造一連串有勇氣的行爲，有可能改變整個社群，乃至整個世界。

勇氣的多種樣貌

我們每天遇見許多種不同類型的勇氣：儘管遭人反對，卻仍舊爲我們的信念挺身而出的勇氣；面臨挫折，卻依然堅持到底的膽識；當然，還有直面心中恐懼的勇敢。這些類型的勇氣，各有各的重要性。在閱讀接下來的內容時，請斟酌細想：哪些類型的勇氣對你來說比較容易展現？然後再想想，哪些觸動你生命中的某些領域，使你想要在其中找到更多的勇氣？

當人們看見你表現得很勇敢，
他們會更有可能跟隨你的帶領。

輕輕地敲出勇氣

這項「神經再造工程」，靈感來自於「情緒釋放技巧」（Emotional Freedom Technique，簡稱EFT，又名「心理指壓按摩」或「敲打法」）。「情緒釋放技巧」有許多種不同的做法，從簡單到複雜，以下是一種非常簡單的基本敲打技巧，在恐懼反應的劇痛期可以派上用場：

一、雙手食指輕輕地放在兩眉之間。

二、開始輕敲出一個心形軌跡——左手食指往左，右手食指往右。這個心形應該沿著眉毛上方走，向下經過太陽穴，來到臉頰下方，然後兩指在下巴會合。

三、一旦兩根食指在下巴會合，就向下敲，敲到鎖骨中央，然後兩根食指沿著鎖骨下方，分別向外輕輕敲擊，直至來到左右兩側肩膀下方。

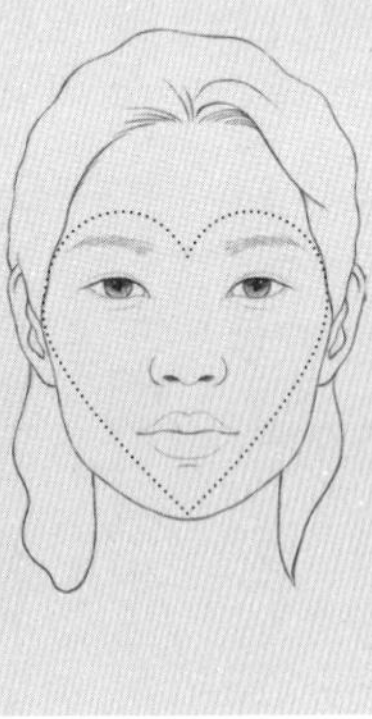

重複這個動作幾次，留意自己是否開始感到比較平靜、比較放鬆。

雖然關於敲打法是否有效的研究，目前仍處於初期階段，但是已有幾項初步看來前景樂觀的研究。二〇一三年的一項研究發現，患有創傷後壓力症候群（PTSD）的退伍軍人，在接受過僅三十天的「情緒釋放技巧」教練指導後，其心理壓力明顯降低，甚至有超過一半的「情緒釋放技巧」受測者不再符合創傷後壓力症候群的官方診斷標準。最近在二〇二二年與二〇二三年，醫療保健專業人員回報說，在將「情緒釋放技巧」融入日常生活之後，焦慮與壓力減輕了，同時體驗到自尊心有所提升。

身體的勇氣

身體的勇氣往往是人們對「勇氣」最直觀的聯想，它涉及，在面對身體的危險或疼痛，乃至有可能死亡時，仍能展現英勇。從在緊急情況中採取行動救人，到首次高空跳傘，身體的勇氣往往需要快速思考與果斷行動。若要強化這方面的勇氣肌肉，可以在相對安全的環境中參與活動，那些活動讓你可以練習做出需要面對身體挑戰的勇敢決策。我最愛的兩項活動是水肺潛水和攀岩。攀岩尤其有助於讓人專注在當下。我運用攀岩來幫忙安撫我那顆焦躁不安、像猴子一樣東跳西蹦的頭腦。

道德的勇氣

你所堅信的是什麼呢？你如何定義對與錯？

道德的勇氣是，即使面對反對、揶揄或被拒絕，也可以捍衛自我信念的能力。道德的勇氣往往出現在，明知道某事是錯的，卻仍然堅持道德的立場，即使那麼做可能會帶來負面的後果。不過，道德的勇氣不僅止是爲自己的信念挺身而出，它也涉及，體認到情境艱難，依舊做著對的事，即使困難或不方便。

在日常生活中可以看見這類勇敢，從某人直言不諱，反對有毒的職場文化，到某人爲了自己身爲消費者的權利挺身而出。這也可能發生在更大的規模上，例如，民權領袖挺身對抗暴虐的政府，或是社運人士推動社會改革。但是無論規模大小，道德的勇氣都需要你勇於承擔風險（那可能很可怕哦）並讓自己處在容易受傷的位置，才能完成你相信是對的事。

你可以如何培養道德的勇氣呢？最重要的一步是，覺知到你的價值和信念並養成據之採取行動的自信。這代表，花時間識別和反思自己的信念，好好探索你如何養成自己的信念，然後細想它們如何影響你的行爲（見第七十七頁）。對我來說，有兩個信念我絕對會堅持到底：一是挺身捍衛女性的權利，二是讓有心向學的人們有機會接受教育。

社交的勇氣

無論是在課堂上、餐桌旁或某個活動中，總是有你需要找到自己的聲音並好好發揮的時候。不過這可能很難，而且我們每一個人都會體驗到難以有效地表達自己想法的時候。

社交的勇氣是，即使面對有可能的社交尷尬、被排斥或被拒絕，仍然自信地承擔風險、大聲說話、融入社交情境的能力。研究顯示，展現高階社交勇氣的人們，在其職場生活以及個人關係中往往比較成功。

因為社交的勇氣可以透過練習逐漸培養，所以給自己一些彈性和時間很重要。這可能永遠不是你的強項，但那也無妨。此外，你可能在某些情境中很有勇氣表達自己，但在其他情境中則否。舉例來說，每週一和週三，面對一班四百個生物系學生講課，對我來說沒問題，但是面對在情緒上虐待我的照顧者，我卻很難說出心裡的話。

當然，並不是每一個人都想要或需要成為閃耀的社交明星，但是如果你希望在這方面有所

> 研究顯示，展現高階社交勇氣的人們，
> 在其職場生活以及個人關係中
> 往往比較成功。

提升，有幾個簡單的方法可以培養更大的社交勇氣。首先，尋找方法，好好了解內在深層的恐懼，那些可能使你相信，自己的想法和意見不會被他人尊重或接納。你可以識別那些信念背後的起源故事嗎？

有時候，識別你爲何壓抑退縮可能很容易。以我爲例，因爲從小，我母親總是忽視我的情緒和意見，導致我在他人面前遲遲不敢分享任何新的想法。不管怎樣，如果需要更多的時間和精力，才能發掘自己爲何沒有勇氣把話說出來，千萬別著急。

接下來是更難的部分：練習。經常在會議中或討論時練習提出意見，越是那麼做，你會覺得越來越放鬆、越來越有自信。而且別擔心——本書從頭到尾都有可以幫助你的工具。

智性的勇氣

我熱愛解決問題以及創造新奇的解決方案，所以這類型的勇氣是我的最愛。本質上，智性的勇氣涉及挑戰自己的信念以及他人的假設與看法。它包含質疑既定的規範，以及批判性地思考呈現給你的理論與概念，才能建立有所根據的見解。智性的勇氣需要深入了解你自己和你的能力，它需要對你的想法有信心，以及爲你的信念挺身而出的實力。智性的勇氣也需要韌性，或是即使面對批評、糟糕的決策、挫折，也可以持續前進的能力。

自我懷疑、害怕失敗、猶豫不決，全都可能妨礙我們做出勇敢的決定。擔憂出錯或犯錯可能很有挑戰性，難以穿越，因爲許多人曾經受到制約，認爲一切事物必須完美，才能繼續前進。因爲來自矽谷，我一直以科技巨頭的信條「快速行動，打破陳規」（Move Fast and Break Things）與「快快失敗，常常失敗」（Fail Fast, Fail Often）作爲我的職業生涯的導航。

我個人對「快速行動，打破陳規」的定義是：「不要害怕實驗、不要害怕嘗試、不要害怕做別人不會做的事」。擁有堅定的智性勇氣，爲我帶來源源不絕的力量，可以深入挖掘，研究少有科學家關注的領域——非臨床性的恐懼與日常中的勇氣。智性的勇氣賜給我堅韌剛毅，得以在台上以及這本書中與世界分享我的發現。

在我心中排名第二的矽谷格言「快快失敗，常常失敗」，被我定義成一個反覆「創造、實驗、重複」的過程。落實這個方法，使我能夠將自我價值與嘗試新事物時不可避免的失敗區分開來。

「快快失敗，常常失敗」也提醒我，要超越「失敗很尷尬」的心智框架，轉而接受「失敗

> 自我懷疑、害怕失敗、猶豫不決，
> 全都可能妨礙我們做出勇敢的決定。

可能相當有裨益」的心態。失敗讓我們從錯誤中學習、鍛鍊韌性、發展出未來成功的策略。儘管失敗可能還是很痛，但練習失敗不僅強化我們的智性勇氣肌肉，也幫助我們在人生的各個面向都可以更自在地承擔風險。

情緒的勇氣

情緒的勇氣是我最不愛的其中一種勇氣，也是我當初開始研究恐懼與勇氣的原因。從小被在情緒上施虐的母親養大，母親透過恐懼掌管她的家，這使我完全不擅長理解或表達自己的情緒。

情緒的勇氣涉及敞開心扉，好好感受並表達各種人類的情緒。它也可以定義成，面對和駕馭棘手的情緒體驗（例如恐懼、不確定、罪疚、羞愧、憤怒、悲傷）的能力。情緒的勇氣是感到不適同時依舊採取行動的意願。它的重點不是無所畏懼或避開不快的情緒，而是體認到，這些情緒是人類存在自然而然的一部分，而且儘管不適，依舊選擇向前邁進。

擁有情緒的勇氣是必不可少的技能，使我們能夠承擔風險、活得眞誠。它讓我們有自信，可以表達眞實的自己，直面心中的脆弱，從而獲得更多快樂、更多自由、更多愛的關係。這本書誕生於，我渴望強化自己的情緒勇氣，因爲我厭倦了感覺好像自己正在體驗黑白的人生，同時其他人卻活得五彩繽紛。我想要學習如何接通內在的力量，儘管感到害怕或不確定，也可以做出勇敢的抉擇。

存在的勇氣

每當有人問我，這本書的寫作進度如何時，我總會回答：「哦，你知道的，又是存在的懼怕構成的一天。」雖然我（多半）是在開玩笑，但是焦慮未來會怎樣以及你的決定對未來造成什麼衝擊，卻是身爲人類的正常部分。我們所做的決定，從重大到微不足道，都可能澈底地改變一切，而且當情況開始變糟時，很容易陷入優柔寡斷的深淵。又或者，懼怕只是因爲今天是星期二。兩者都是完全正當的理由，足以讓人感受到存在的懼怕。

所以，假使有存在的懼怕，那麼也一定有存在的勇氣。還好，確實有存在的勇氣啊！「存在的勇氣」意指，經常選擇最不熟悉的道路，而不是踏上人們走慣的老路。沒有這種膽識，你可能會變成那個總是跟同一類型的男生交往了一百次的朋友，你不斷接受著外貌不同但同樣熟悉的過去。

「存在的勇氣」意指，
經常選擇最不熟悉的道路，
而不是踏上人們走慣的老路。

培養存在的勇氣感可以幫助你更自在地面對不確定性，因為你知道，無論未來發生什麼事，你都有可以不斷前進的內在力量。「存在的勇氣」意指，你面對艱難情境並做出決定的能力，儘管對眼前的一切感到無所適從或迷茫困惑。有存在的勇氣的人們並不屈服於社會的壓力，或單純地跟隨趨勢，他們根據自己的核心價值做出決定。

超越恐懼練習 3

價值觀

反問自己下述問題，然後寫下你的回答，開始明確地表達你的核心價值觀：

什麼讓你覺得有成就感？

若要過著有意義的人生，你相信什麼是必不可少的？

哪些方面你願意妥協？

你相信什麼？捍衛什麼？

身而為人，什麼讓你感到最有活力且最有成就感？

你最優先考慮的事項和最大的熱情所在是什麼？

你認爲自己的人生使命是什麼？

你的日常行爲是否大部分與你的核心價值觀相契合？

核心價值觀與勇氣

勇氣最強大的時刻，是當你位在以下三者的交會點：你最重要的價值觀、你所採取的恰當行動、你有能力突破恐懼情緒帶來的不適。

每一個人都有核心價值觀，它們形成我們的決策方式，也因此影響我們的生活方式。這些核心價值觀與你的人生目的、你的本性、你想要成爲什麼人息息相關。核心價值觀是驅動你的行為（包括正向和負面行為）的信念或原則，它們往往反映你的成長背景、教育程度、文化修養、人生體驗。談到帶著更多的勇氣和更少的恐懼生活時，你的核心價值觀可以成為強而有力的指南針，幫助你保持動力，不偏離方向。

核心價值觀是你的本性的一部分、對你最重要的東西、促使你做出決定的事物。發現自己的核心價值觀並不容易，它不僅止是思考你的人格特質、你被灌輸的價值觀，或你的職涯目標。這個過程需要正念（mindfulness）、深度反思、坦誠面對自己的脆弱。

目標讓人堅持不懈，而不斷回顧和反思自己的價值觀，確保我們有燃料持續向前邁進，即使是在最崎嶇的道路上。

你看重什麼呢？

幾年前，社群媒體上流行過一則貼文，那是一張十列乘十行字母的尋字遊戲，而且附帶說明：「你最先看到的三個單字，就是對你最重要的三件事。」在那堆隨機的字母中，為我迸出來的三個單字是：愛、知識、權力。我還記得那則貼文，因為那個愚蠢的尋字遊戲說得沒錯啊！雖然「愛」與「知識」很容易承認，但是接受「權力」作為我的第三個單字，卻讓我覺得有點不太光彩。

可是核心價值觀本質上並無對錯之分。「權力」不一定是好或壞，重點是：人們如何運用權力。權力可以驅使人們犯下可怕的暴行，也可以驅動人們爲需要的社群提供教育、糧食、清潔的水、醫療保健、可負擔的住房。

因此，當你嘗試用這個尋字遊戲方法實驗，請把它當作遊戲玩。設定兩分鐘的計時器，然後瀏覽下述清單，選出與你共鳴的每一個詞彙，但是不要斷定那個詞彙是「好」或「壞」。接著縮減你的清單，剩下前十名，然後再挑出前五名。我建議使用計時器，因爲很容易過度思考，想要完美呈現你的第一份清單。這份清單不會完美，而你可以隨時調整。事實上，找出最眞實核心價值觀的最佳方法是，重複這個練習，因爲可能需要嘗試幾次，才能過濾出哪些是我們認爲自己「應該」擁有的核心價值觀，哪些是我們眞正擁有的核心價值觀。如果你比較喜歡圈出你的最愛，不妨到這個網址下載這份清單的可列印版本：https://marypoffenroth.com/bravenewyou

仁慈	社群	喜悅	組織	成熟	有條理
尊重	連結	正向	愛國	自由	自由思考
慈悲	好奇	彈性	為人父母	自發	配得感
正直	尊嚴	自信	權力	信仰	健美
誠實	平等	利他	團結	欣賞大自然	良善
謙卑	公平	欣賞美	自豪	活在當下	美
慷慨	家庭	驚奇與敬畏	韌性	成就	創新
責任	財富	自我發現	足智多謀	適應力	學習
感恩	友愛	寬容	承擔風險	真誠	多變
無私	樂趣	熱情	節儉	企圖心	中庸
心態開放	傳承	探險	準備充分	追求勝利	繁榮
耐心	和諧	樂觀	時間	平衡	穩定
寬恕	希望	值得信任	獨處	正義	童心未泯
同理	獨立	平衡	真理	歸屬感	整潔
毅力	安全	平和	智慧	合作	
忠誠	成長	感恩生命	感官享受	獨特	
可靠	健康	幽默	親愛	沉著	
創意	領導力	謙虛	慈愛	活力	
承諾	休閒	愛	多元	深度	

運用這個尋字遊戲的另一個方法是，搭配下述提示與上述清單：

想想你欽佩的三個人，從他們身上挑選出你最嚮往的兩個特質。這些很可能是你已經擁有或眞心想要擁有的特質。

回想一下你最重大的成功經驗，上述哪些特定的價值觀帶領你達到那些成就呢？而你最大的失敗又是怎麼一回事呢？

定義你的核心價值觀可以使你擁有清明與自信，讓你設定和追求目標，從而爲你的人生帶來意義與目的。好好思考你目前的生活方式如何反映你的價值觀。當你將那些價值觀付諸實踐時，它們看起來會是什麼樣子呢？當我們的行爲與自己的價值觀契合時，就更容易步入有勇氣的場域並維持追求改變的動力。

依附風格

我們天生渴望連結。研究顯示，與他人建立深刻、值得信賴的關係，使我們自然而然地更有勇氣且較不害怕。然而，由於早期的人生體驗，許多人很難建立有意義的關係。「依附風格」是根植於心理學的概念，它們是我們在關係中如何表現的模式。我們的依附風格大部分建立在嬰兒時期，受到照顧者的影響，它們深刻地影響我們長大成人後的思想、感受、行爲、與他人連結的能力。

英國心理學家約翰・鮑比（John Bowlby）於一九五〇年代提出依附風格理論，該理論主張，嬰兒在人生早期與其主要照顧者（通常是母親）建立起情感的連繫。這份連繫奠基於嬰兒需要安全感、慰藉、免於危險的保護。鮑比認爲，如果在早年期間，嬰兒的需求持續得到滿足，他們會發展出一種可以帶進成年期的安全感，這使他們在日後的人生中，更容易建立健康的關係。

心理學家瑪莉・愛因斯沃斯（Mary Ainsworth）根據鮑比的依附理論，確認了三種依附風格：「安全型」（secure）、「焦慮迴避型」（anxious-avoidant，通常簡稱「迴避型」）、「焦慮抗拒型」（anxious-resistant，傳統上簡稱「焦慮型」）。後續的研究又新增第四種風格：「混亂型」（disorganized），又名「恐懼迴避型」（fearful-avoidant）。具有安全依附風格的人，往往活出較有勇氣且較少恐懼的人生。不過，即使你在童年時期屬於不安全型依附風格，透過理解與實踐，你仍然可以蛻變自己與他人的連結方式。

> 改變個人關係故事的第一步是，
> 體認到我們承襲自照顧者的依附模式。

由於理解你的依附風格是獲得安全感並建立勇氣的第一步，所以我特別設計了暱稱（見第八十四頁說明），幫助你更容易記住這些風格，因爲理解依附風格也可以幫助你了解身邊人的情緒與行爲，同時更深入地與之連結。雖然你可以接受來自執業治療師或諮商師的專業評估，但這其實沒有必要，除非你在這方面的困擾需要專業的協助才能眞正改善。

一開始，先想想過去的幾段重要關係（包括戀愛關係和純友誼關係）。在瀏覽這份清單之前，請在心中選定某一重要的關係作爲實驗對象。針對這第一個練習，無論事情最後的結果是好是壞，都沒關係；只是選擇的關係不要還有許多尚未化解的情緒，否則可能會因爲距離太近而難以看見浮現的模式。

在你閱讀完各種依附風格之後，不妨以更宏觀的視角看待你的人生，回顧過去幾年的整體狀況。是否有某些類型的人們讓你覺得安全呢？某些情境引發你的焦慮嗎？某些對話讓你感到沒有保障嗎？

此外，至關重要的是：你知道你並不是被困在童年形成甚至是現在擁有的依附風格類型之中。雖然不會魔杖揮一揮，一夜之間便自動改變，但是我們確實可以掌控自己的命運。

重塑你的依附風格

既然你已經識別出對你很重要的價值觀，那麼時候到了，該要想像你的理想關係。從某一類型的關係開始：專業領域的關係、戀愛關係、友誼乃至你與自己的關係，然後回答下述問題：

一、列出五項「可有可無」的價值觀（想要），以及五項「無法妥協」的價值觀（需要），這些都必須存在於這段理想的關係中。

二、描述一下，爲什麼你覺得，以那些價值觀爲中心的關係會比你現在擁有的關係更健康。

你需要什麼樣的支持或技能，才能從目前的狀態走向你想要的關係？

依附風格速查表

一開始，先快速瀏覽一下以下類型，之後再細看比較詳細的說明：

- **穩定型（安全依附風格）**：你擁有建立在信任與脆弱之上的長久關係。你擅長解決衝突，可以自在地分享想法與感受，也懂得向他人尋求安慰。
- **追逐型（焦慮依附風格）**：回顧你的人生過往的關係，可以看見你有黏人的行為模式，原因是害怕被遺棄和被拒絕。你時常懷疑伴侶的愛和承諾，這驅使你更加緊抓不放或追逐對方。很可能在你成長的家庭中，主要照顧者給你的訊息前後不一致，導致你非常困惑，不知該如何調節心中強烈的情緒；你也可能在年幼時期經歷過令人驚恐或混亂的事件。
- **逃跑型（迴避依附風格）**：由於人生的某些時刻遭到被傷害或被拒絕所左右，你傾向於過度獨立。你渴望連結，但同時又害怕親密，一旦情感距離太近，你發現自己會逃避。你極度重視獨立，很容易不信任他人。很可能在你的成長過程中，主要照顧者並沒有滿足你的情感或身體需求，那迫使你為了生存而快快長大。

• **忽冷忽熱型（混亂依附風格）**：你有追逐型的風格，又帶點兒逃避型的特徵。你發現自己擺盪在親近伴侶與逃避伴侶之間，而且曾經被他人指責送出前後矛盾的信號。回顧過去，你可以看見，在你成長的家庭中，疏忽怠慢、混亂失序或過於苛求的主要照顧者，並不贊同表達強烈的情緒。

改變個人關係故事的第一步是，體認到我們承襲自照顧者的依附模式。下一步則是，理解這些行爲模式如何展現在我們與朋友、同事、重要他人的關係中，如此才能致力於重塑這些模式。

安全型：穩定型（The Well-Anchored）

你是否發現，自己的關係往往很持久，特色在於信任、良好的衝突解決力、有能力有效地從伴侶身上尋求安慰、願意在分享想法與感受時展現脆弱？如果是，那麼你是人生大贏家啊！你擁有安全型依附風格。

擁有安全依附風格的人，往往更具備應對恐懼或壓力的能力。童年時感到安全，更容易在長大成人後，可以自在地表達情緒，不害怕被評斷或被拒絕。

如果你在童年時期建立起這類依附風格，很可能你與某位主要照顧者之間有著可依賴且充滿愛的關係，這位照顧者可以迅速地回應你的生理與情緒需求，始終如一地提供慰藉、溫暖、愛。通常，這讓你在建立有意義的關係時可以更加成功，因爲信任與溝通對你而言比較自然。

不安全型團隊：焦慮型、迴避型、混亂型

假使安全型依附風格無法反映目前的你，也不用擔心。無論你認爲自己是哪一種依附風格，憑藉知識、洞見、行動，你可以逐漸成爲安全型依附風格。不安全型依附風格的養成源自於，童年體驗到來自主要照顧者的訊息前後不一致，或是曾經在童年時期接觸到令人驚恐或混亂的事件。這可能導致困惑，不知道該如何調節極具挑戰的情緒（尤其是恐懼），於是難以建立健康的關係。

所有類型的不安全型依附都伴隨著挑戰，但是理解挑戰爲何存在卻是戰勝挑戰並在未來培養更健康人際關係的關鍵。我們每一個人都渴望被看見、被聽見、被理解，渴望愛人與被人同樣地愛著。因此，讓我們針對「不安全型團隊」的三種依附風格，逐步提升你的知識與洞見。

焦慮型：追逐者

如果你傾向於因爲害怕對方離開而過度抓緊對方、經常懷疑伴侶的愛與承諾、極度恐懼被遺棄或被拒絕，那麼你很可能是「追逐者」。追逐者不斷追逐著童年時期未曾獲得的愛，緊緊態抱著對方，使對方感到壓迫或窒息。

這種依附風格深深根植於被遺棄與被拒絕的恐懼，這些源自於照顧者容易感到不堪負荷，或是讓孩子爲成人的情緒買單。長大成人後，追逐者往往難以信任他人或建立親密的關係，因爲深層的不配得與不安全感，造成他們過度依賴伴侶提供情感支持。

由於這種互動模式，形成於孩童時期必須應對來自情緒不穩的照顧者難以預測的教養方式，因此追逐者往往非常善於體察伴侶的感受和情緒，同時難以掌控自己的感受和情緒。此外，追逐者在關係中容易感到不安全，擔心被拒絕或被遺棄，時常尋求伴侶不斷的保證或認可，導致他們變得黏人或過度依賴。

擁有焦慮型依附風格對親密關係與純友誼關係皆可能產生重大的影響，因爲它可能使當事者對批評極度敏感，拚命尋求他人的贊同。追逐者可能會因爲伴侶沒有把時間花在他們身上而感到嫉妒或猜疑，即使這些感覺在邏輯上毫無根據。追逐者在關係中強烈需要親密與連結，他們可能會發現，由於分離焦慮或害怕孤身一人，他們很難在沒有伴侶的陪伴下參與活動。在某些情況下，這些行爲會把對方推開，這可能會演變成非常害怕對方離開，於是他們犧牲自己的需求和渴望，只爲了避免衝突。

迴避型：逃跑者

當他人在情感上變得親密時，是否「逃跑」對你來說感覺好像才是最安全的選項？

迴避型依附風格源自於必須太快長大。你是否在還年幼的時候，就被期待要獨立，基本上要養育自己？或許，本該保護你的人，連你最基本的需求都很慢才回應，甚至可能會因爲你「有需求」而懲罰你。當你確實分享對連結、溫暖、愛的渴望時，照慣例只換來被拒絕，於是你逐漸將「安全」與「極度獨立」劃上等號。

逃跑者的需求長年得不到滿足，於是內化了這則訊息：比起在情感上脆弱，讓靠近與親密變得不自在，乃至令人驚恐，孤身一人還是比較好。這樣的訊息傳遞可能非常根深柢固，導致在他人眞的設法疼愛他們時，可能會感覺十分危險，於是當關係開始變得在情感上非常靠近時，他們可能會逃跑。逃跑者學會關閉自己的感受以及迴避與他人親密，只聚焦在自己的需求與目標，藉此應對艱難的情緒和情境。在成人的戀愛關係中，逃跑者有時候被歸類爲有「承諾課題」，他們往往與信任苦苦纏鬥，很難與他人分享想法與感受。

逃跑者也可能很難坦率地表達自己，讓人覺得他們冷漠或難以親近，即使他們其實渴望連結。童年時期，逃跑者學到：伸手求助或表達情感需求，不會得到正向的回饋。這可能看來酷似完全忽視孩子需求的教養方式，但也可能呈現爲，在極高的外在成就標準下長大，例如成績或運動表現極佳，因此完全沒有空間表達情緒。逃跑者也可能會發現自己養成了「疏離行爲」的模式，例如，不接受讚美或無視他人的需求。

混亂型：忽冷忽熱型

讀到焦慮型與迴避型依附風格時，你是否看見自己兩者兼具一些？你是否總是在靠近與逃離親密關係之間來回擺盪？陷入似乎無限循環的追逐、逃跑、追逐之中？假使情況如此，那麼你八成最符合混亂型依附風格，我稱之爲「忽冷忽熱型」。

這正是我自己最符合的依附風格，也是多年來在不知情的情況下，帶給我最多痛苦的風格。回顧過去的關係，我可以看見自己的模式：極度想要親密，同時又焦慮或不信任朋友、伴侶或同事。我既害怕失去他們，又害怕他們靠得太近。

混亂型依附比較是焦慮型與迴避型風格的綜合，當事人在黏人與疏離之間擺盪。像我這類表現成混亂型依附的人們，時常因爲過去的創傷或忽視而難以調節自己的情緒。童年早期體驗到的悲慟、憤怒、罪疚或羞愧等強烈情緒，導致忽冷忽熱型的人很容易被強烈的情緒淹沒，因爲他們在童年時期從來沒有學會如何妥善應對這些情緒。因爲情緒過於強烈，擁有混亂型依附風格的人們，往往表現出難以預測或前後矛盾的行爲，導致建立連結混亂而困難。舉例來說，忽冷忽熱型的個人可能會在棘手的對話進行期間離開伴侶，然而事後還是尋求親密。這可能爲關係中的雙方帶來困惑和挫敗。

形成忽冷忽熱型的童年環境與焦慮型或迴避型很相似，缺少情緒的安全感逐漸養成適應不良的因應策略。他們可能會設法努力不表達任何負面情緒，這樣就不會把潛在的伴侶推開，因爲害怕如果表達了，他們會被拒絕。結果，他們可能會時常訴諸操縱策略，例如，說謊或刻意隱瞞資訊，以此留住伴侶，又不必直接表達自己的情感需求。

理解依附風格幫助我們更清楚地了解到，過去的體驗如何形塑自己與周遭人過去和現在的行爲。此外，這也能讓我們洞悉，自己在情緒上如何對內在和外在體驗做出反應。然後我們可以運用這份資訊變得更有自信，知道自己有能力透過坦誠的溝通而不只是仰賴直覺或過去的經驗來建立信任，從而形成持久的關係。

第4章

恐懼的科學威力強大

提升心智的力量是減少人生困境的唯一途徑。

——莫科科馬・莫科諾阿納（Mokokoma Mokhonoana）

每一個大膽的壯舉或求生的行爲背後，都是複雜的神經傳導過程。我們的大腦天生對恐懼有反應，好讓我們學會下一次更好地駕馭恐懼。對恐懼喚起反應如何運作有基本的理解，可以更容易地運用後續介紹的工具與策略，來駕馭你的恐懼和增長你的勇氣。

由於理解與恐懼相關聯的不同激素、解剖結構、神經傳導物質、其他生理機制之間的連結，你可以更深入地了解到，在面對艱難的情境時，你的身體會如何反應。對這些過程有概念有助於提升你的覺知力，使你在不可避免的人生壓力出現時，可以做好比較充分的準備，從容應對。

而且，雖然我相信，初步了解恐懼和勇氣背後的科學，是從本書中獲取最大價値的關鍵，但我也是科學傳播者，因此我想要讓科學變得有趣又平易近人。

對某些人來說，那意謂著跳過基礎科學。如果你是這樣的人，我不評斷，但我還是會要求你至少先吸收基本觀念，再繼續讀下去。

恐懼與勇氣的基礎：神經系統

我們的神經系統負責一切，從基本的身體機能到最複雜的思想與情感，包括恐懼和勇氣。

神經系統分爲中樞神經系統與周邊神經系統。中樞神經系統包含腦與脊髓，控制行動與反應。周邊神經系統則在中樞神經系統與身體之間傳遞資訊。不妨把中樞神經系統想成電腦，而周邊神經系統則是傳輸線。

周邊神經系統包含兩個子系統：「軀體神經系統」（somatic nervous system）負責執行我們選擇做出的行動，例如，說話或揮手，而「自主神經系統」（autonomic nervous system）負責使我們活著的所有自動機制，例如，消化。我們發現，恐懼和勇氣的關鍵在這個自主的子系統內，在此，我們有「交感神經系統」（sympathetic nervous system，「油門」）與「副交感神經系統」（parasympathetic nervous system，「煞車」），彼此對立運作，而且一次只有一個系統可以掌控全局。

當大腦感知到某個它需要採取行動的威脅時，交感神經系統（「油門」）便接管，把你的身體準備好，迎接「戰鬥或逃跑」之類的事情。當生活平靜下來，我們可以回歸休息時，副交感神經系統（「煞車」）則接手，讓身體可以處理所有正常的功能，例如，消化食物、製造在我們處理眼前威脅時暫停製造的新細胞。你的日子應該多半由副交感神經系統（煞車）主掌，因爲交感神經系統（油門）應該只在緊急時啓動。

不過，在快節奏的現代生活中，我們太常卡在「油門」模式中，那使我們感到枯竭和精疲力盡。

神經系統：超短簡介

若要了解恐懼在你的身體內如何運作，首先從「中樞神經系統」與「周邊神經系統」開始。周邊神經系統包含兩個子系統：負責自主行動的「軀體神經系統」，以及控制消化等重要後台機制的「自主神經系統」。

自主神經系統又可以進一步分成兩個部分：「交感神經系統」（又稱「油門」，幫助我們準備好因應危險）以及「副交感神經系統」（又名「煞車」，幫助我們在經歷壓力之後，恢復均衡）。

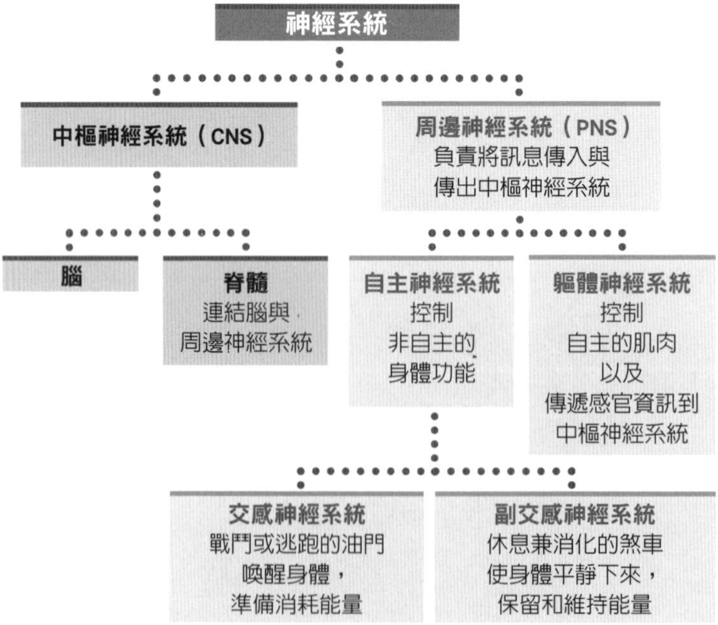

杏仁核與前額葉皮質：恐懼喚起的陰陽兩面

談到恐懼和勇氣，腦子裡有兩大主角，分別是「杏仁核」與「前額葉皮質」。

杏仁核：情緒的煙霧偵測器

遭遇潛在的威脅時，大腦便傳送求救信號給杏仁核（amygdala）。杏仁核是一副形狀像杏仁的結構，在大腦的中央深處。杏仁核通常被稱作「恐懼中心」（儘管這麼說有點過度簡化），一旦潛在的威脅升級成真實的威脅，杏仁核就會觸發一連串的生理反應。假使情況如此，杏仁核便引發一連串所謂的「恐懼喚起反應」，使你的身體滿溢腎上腺素，導致心跳加快、呼吸急促、感官變得更加敏銳。

恐懼狀態下的腦

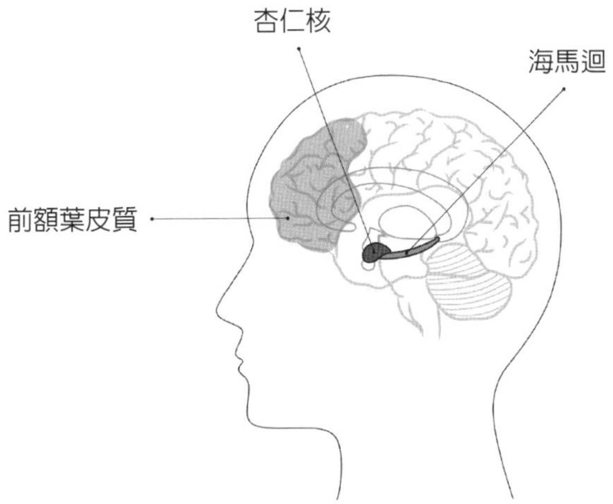

你的杏仁核依然以古老且非黑即白的方式操作，那意謂著，它並不知道如何以最佳方式在我們的現代世界中保護你。不妨把杏仁核想成過度保護你的摯友，他威脅你的每一任伴侶，「如果敢傷害你」，就揍他們一頓。這位朋友的立意甚佳（保你安全），但也往往反應過度，可能會引發許多不必要的戲劇性事件。另一個看待杏仁核的方法是，把它想成煙霧偵測器，不斷監視著危險。最後，要設法記住，對你的杏仁核來說，沒有介於其間的細微差異——你不是很安全，就是有危險。

前額葉皮質：邏輯的指揮中心

相反地，勇氣極度仰賴前額葉皮質——這是與高階認知功能（例如，做出決定、解決問題、邏輯推理、調節行為和情緒）相關聯的腦區。前額葉皮質的運作藉由：控制我們的衝動，幫助我們對風險做出更好的判斷，或預測未來行動的結果。

當你感覺到恐懼但仍然決定採取行動時，你的前額葉皮質有助於無視由杏仁核引發的恐懼反應，讓你能夠勇敢地向前邁進。

最新研究顯示，當我們在解決需要創意與創新的問題時，前額葉皮質就特別活躍。這暗示，我們的前額葉皮質在有能力想出新點子以及找到獨特的解決方案方面，扮演重要的角色。

但是隨著恐懼喚起逐步升高，我們的創造能力下降，因爲杏仁核的活動會削弱前額葉皮質全力運作的能力。事實上，許多專家表示，恐懼是個人創造力的最大威脅。即使從事有創意的工作已被證實可以減輕壓力、抑鬱、焦慮，但恐懼還是會改變我們的大腦，損害我們創造全新解決方案、發揮最佳表現、執行新解法而不是一再套用老方案的能力。

大腦這兩區協同運作，藉由體認到潛在的危險並做出相應的回應，幫助你安全地應對世界。在恐懼的時刻，那可能感覺好像大腦裡正在上演一場拔河比賽，杏仁核大喊「危險！」而前額葉皮質則說：「我們來好好想一想。」經由持續以可管控的安全方式與恐懼互動，並運用本書中的「神經再造工程」技巧，你可以訓練杏仁核減少過度反應，並強化前額葉皮質的勇氣連結，幫助你變得更加自信、更少恐懼。

> 另一個看待杏仁核的方法是，
> 把它想成煙霧偵測器，
> 不斷監視著危險。

邊緣系統支援恐懼與勇氣

「邊緣系統」（Limbic System）常被稱作「情緒腦」或「情緒中樞」，這是過度簡化的說法，邊緣系統其實是由多個腦部結構組成的分散式網絡，負責調節情緒、動機、記憶，包括：下丘腦（hypothalamus）、杏仁核、海馬迴（hippocampus）以及其他皮質下結構（即腦皮質下方的結構）。此外，邊緣系統還調控至關重要的功能，包括：清醒狀態、注意力、飢餓、壓力、性行為。在情緒處理與記憶形成方面，邊緣系統也扮演重要的角色。

一旦理解，人類天生就被設計成要體驗到恐懼，你就可以逐步內化「恐懼並不是道德的缺失」。它反而是一套複雜的反應系統，涉及多條路徑、數十種激素、不同的腦區。藉由探索邊緣系統如何運作，你可以更加覺知到，你的情緒狀態並非完全由你掌控，或你的體驗是否不完全符合他人的期望。理解邊緣系統讓我們更有概念，明白我們的身體如何分散管理恐懼與勇氣的責任。

海馬迴：記憶大師

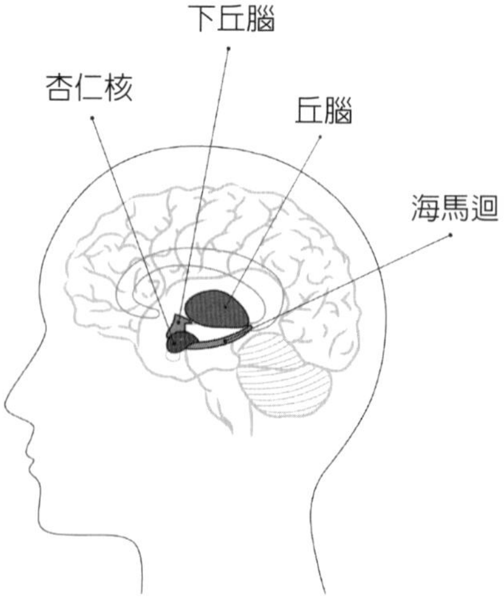

這個海馬形狀的結構負責處理長期記憶和情緒反應。它與杏仁核合作，幫助形成例如恐

懼、快樂或憤怒等情緒。海馬迴在記憶形成與空間導航方面也扮演某個角色，協助你記住如何從一個地點到達另外一個地點。

海馬迴位於腦部的顳葉（temporal lobe），在形成例如事實與事件之類的「陳述性記憶」（可以明確地表達或回憶的記憶）方面尤其重要。當杏仁核與海馬迴互動時，你可能會形成「習得的恐懼」。一旦某樣東西在過去曾經嚇到你，海馬迴便牢牢揪住那段記憶，不放手。當然，海馬迴是出於善意，它不希望你再次犯下同樣危險的錯誤。但是有時候，犯錯的反倒是海馬迴。怎麼說呢？它讓你持續害怕其實沒有那麼危險的事物。

一旦理解到，
人類天生就被設計成要體驗到恐懼，
你就可以逐步內化
「恐懼並不是道德的缺失」。

海馬迴是少數幾處即使在人生晚年仍然可以產生新神經元的腦區之一，這個過程叫做「神經新生」（neurogenesis）。大部分腦部的成長與發育結束在你大約二十五歲左右，但是由於「腦源性神經滋養因子」（brain-derived neurotrophic factor，簡稱 BDNF）的幫助，我們在整個人生中都可以持續修復與生成神經元。

檢查恐懼對大腦的影響時，務必考慮的一個關鍵角色是我們的「感官中繼站」——丘腦（thalamus）。丘腦的作用像一種樞紐，負責將來自身體的感官資訊傳送到腦部適當的區域。

當引發恐懼的事件發生時，感官資訊（我們看見、聽見、觸碰到等等的資訊）便經由丘腦進入腦部。丘腦會依次將這些資料沿著兩條不同的路徑傳送。「快速路徑」速度較快，但準確性較低，它將資訊直接傳送到杏仁核，引進立即的恐懼反應。「慢速路徑」是一條速度較慢然而比較完善的路線，它先將資訊傳送到感官皮質仔細分析，再傳送到杏仁核。這讓我

丘腦：中繼站

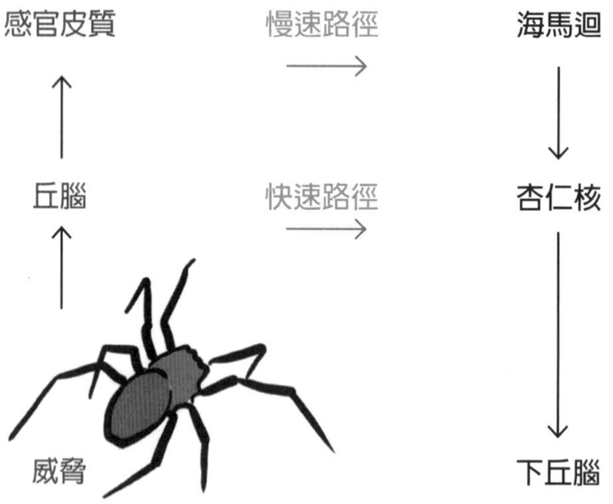

們有意識地體認到並理解恐懼的源頭。這個雙重路線系統，是顯化我們的恐懼反應的基礎。

有趣的是，兩條路徑同時運作，因此，我們可能會在完全覺知到潛在威脅是什麼之前就做出反應，這有助於提高我們在危險中存活下來的機率。理解丘腦在處理恐懼時所扮演的角色，可以幫助我們領會恐懼反應的複雜性，以及哪些生理面向可以增強或削弱恐懼反應。

下丘腦：身體的恆溫器

下丘腦釋放激素以及調節體溫、口渴、飢餓等身體機能，也是恐懼喚起反應中的關鍵角色。當你感知到某事具有威脅性，你的杏仁核便觸發下丘腦，於是下丘腦迅速行動，引發一連串的身體反應，使你準備好應對「戰鬥或逃跑」反應。這包括：加快呼吸與心跳、瞳孔放大、消化流程減緩。與此同時，它釋放與壓力相關的激素，例如腎上腺素與皮質醇，讓你的身體做好準備，對感知到的危險做出回應。

勇氣的化學物質

了解「多巴胺」與「血清素」之類的神經傳導物質，如何影響我們對恐懼、勇氣、復原力的體驗，是應對恐懼不可或缺的一部分。釐清這些神經傳導物質的角色，也有助於卸下許多年來的羞愧感與社會制約，那類羞愧感與社會制約害我們把恐懼視為道德的缺失，而不是人體的正常運作。

藉由深入鑽研神經傳導物質（在我們腦部的神經元之間傳遞訊息的化學物質），我們開始明白它們在心境、記憶、許多其他腦部功能中，扮演不可或缺的角色。

腎上腺素：凌晨三點，你聽見樓下傳來噪音。你的心跳加快、後頸汗毛豎起，而且開始冒汗，感覺好像可能會嘔吐，你被恐懼癱瘓了。

一旦腦部感知到威脅，它將信號傳送給腎上腺，釋放「腎上腺素」（一種神經傳導物質兼荷爾蒙）進入血液循環。又名adrenaline的腎上腺素（epinephrine，譯注：在美國，epinephrine是正式醫學用語，adrenaline則屬日常用語）然後與全身細胞上的受體結合，使你進入全面「備戰」模式。

由於你的交感神經系統被啓動了，你的心跳與呼吸加快，好讓更多的氧可以傳送到肌肉。血液從消化器官轉移，讓更多的血液可以流到四肢，你的瞳孔放大，讓你可以看得更清楚，而且你開始冒汗，幫助過熱的肌肉降溫。你現在警覺且高度專注。腎上腺素讓你有勇氣直面危險（或是有力量拔腿狂奔）。

去甲腎上腺素：不妨把「去甲腎上腺素」（norepinephrine）想像成腎上腺素的助手。在回應壓力觸發時，去甲腎上腺素被釋放並進入腦部，在此啓動交感神經系統。這導致心跳加快、血壓上升、呼吸加速；伴隨血糖上升，你提高警覺、聚焦力、專注力，準備好採取行動。

麩胺酸（glutamate）：當你體驗到恐懼時，杏仁核便傳送信號給下丘腦，增加「糖皮質激素」（glucocorticoid），導致「麩胺酸」的釋放增加。麩胺酸的激增導致身體釋放腎上腺素與皮質醇，讓你的身體準備好面對恐懼或逃離現場。然而，當這樣的反應發生在回應實際上並不危險的事情時，也可能會造成傷害，導致麩胺酸在抑鬱和焦慮方面發揮作用。

多巴胺（dopamine）：幫助你感覺愉悅，激勵你重複帶來愉悅感的行爲。多巴胺有時候被稱作「快樂化學物質」，因爲它參與腦部找到歡愉的活動，包括飲食、性愛、鍛鍊。當你投入這些活動時，你的腦便釋放多巴胺。因此，它對我們有能力感覺有力量、有能量、樂觀造成極大的影響。基本上，當你的多巴胺水平上升，你感覺比較美好，甚至是太讚了！

但是當多巴胺水平下降，你持續感覺糟糕，甚至是在人生中失控。而且由於多巴胺也影響你運作中的記憶與執行的功能，因此，當多巴胺水平低落時，可能導致你在認知能力測驗方面表現不佳，而且感覺提不起勁。事實上，多巴胺威力強大，足以影響你每天的感受，這導致，對許多與臨床抑鬱交戰的人們而言，「多巴胺補充療法」（dopamine replacement therapy）是強而有力的治療選項。

談到恐懼與勇氣，當你遭遇潛在的威脅時，大腦會釋放多巴胺，幫助你評估情境以及決定如何回應。如此湧現的多巴胺提供你面對危險所需要的能量與專注力。換言之，沒有多巴胺，你就無法鼓起勇氣，面對恐懼。

血清素（serotonin）：影響其他神經傳導物質（例如，多巴胺與去甲腎上腺素）的釋放，藉此在調節心境和情緒方面扮演重要的角色。當血清素水平較高時，它往往被稱作「愛」或「連繫」的化學物質。但是當腦中的血清素太過泛濫時，你會感覺被過度刺激，導致幻覺或失眠等問題（這也是搖頭丸可以讓狂歡族狂舞到天亮的原因）。

另一方面，血清素長期偏低與抑鬱、焦慮、其他心智健康疾病息息相關。談到恐懼，越來越多的證據顯示，血清素扮演重要的角色，不僅影響我們如何體驗恐懼和勇氣，也影響我們如何處理那些記憶。你的飲食、運動量、日照程度，也可能影響每日的血清素水平。這一切是複雜方程式的一部分，解釋了爲什麼運動、飲食得當、曬曬太陽讓你感覺美好。

催產素（oxytocin）：我們與他人建立連結的核心是催產素，在你參加任何社交連繫活動時，就會釋放催產素，從與伴侶相擁而眠，到抱著小狗窩在一起，或與朋友一起歡笑，乃至並不那麼美好的社交互動，例如被上司霸凌。

雖然催產素被譽爲「愛」的荷爾蒙，促進連結、安全、連繫的感受，但是它的作用其實不止於此。催產素強化我們對「所有」社交互動的記憶，包括所有好與壞的社交互動。

爲什麼即使二十年後，想起全班在畢業野餐時嘲笑你，還是令你尷尬彆扭，你可以把其中一部分複雜的原因歸功於催產素。最新研究顯示，這種以前被稱作「快樂」荷爾蒙的物質也有陰暗的一面，它迫使我們清晰生動地回想起很久以前的壓力經驗，而且可以在未來幫助強化類似的恐懼觸發因子。

恐懼狀態下的大腦與身體：把一切串連起來

你會登上一艘船長完全不懂引擎、風帆或船舵該如何運作的帆船嗎？

我的答案是：「絕對不會。」我希望照顧我的健康、安全、享受的是一位懂得自己在做什麼的船務人員，至少也要粗略知曉整體如何運作，才能將我從甲地運送到乙地。這似乎相當基本，然而我們卻出生在極其複雜的身體裡，幾乎沒有操作說明書談到身體如何運作，或是，換言之，沒有說明書教導該如何專業地駕船穿越人生的驚濤駭浪。

> 如果本章介紹的所有科學知識
> 當中有一點需要記住，
> 那就是：
> 我們的身體狀態和情緒狀態是相連的。

如果本章介紹的所有科學知識當中有一點需要記住，那就是：我們的身體狀態和情緒狀態是相連的。當我們了解大腦如何以及爲何運作時，就能運用那些知識做出反映自己眞實渴望的決定。透過科學，我們更深入地了解，在面對恐懼時，該如何培養勇氣，找到成功。

雖然意志和選擇在某種程度上是可以改變的，但我們的許多情感體驗卻是由自己的生理機制驅動。並不是說，這讓你有權爲所欲爲，可以四處爲惡，而是了解這樣的「責任分配」讓我們放下指責與羞愧的遊戲，建立起同理心，好好對待自己與我們遇見的每一個人。

培養勇氣並沒有某個放諸四海皆準的方法。每一個人各有不同的需求和目標，因此，有必要好好實驗，找到對你最有效的方法。

你是你的人生之船的船長！接下來，你想要航向什麼樣的嶄新未來呢？

【第二部】

恐懼的牢籠

第5章

生物性恐懼：我們與生俱來的牢籠

當你很害怕，但還是堅持去做，那就是勇敢。

——尼爾・蓋曼（Neil Gaiman），《第十四道門》（*Coraline*）

最近，我帶著我的大一生物課學生上戶外教學健行課。我們早上集合時圍成一圈，聊聊在健行步道上要做些什麼。我說話時，一條吸管般大小的小蛇從我們圈子的中央滑行過去。我立即注意到這位小小朋友，而且在心中確認了牠的種類，但刻意不提到牠在場。我不想要驚嚇任何人，免得有人傷害那條蛇或傷害到自己。

幾位比較敏銳的學生注意到那條蛇，還指給朋友看。最後，我不得不面對那條「蛇」在場的事實。我向學生保證，沒什麼好擔心的，而且建議大家，保持靜止不動，讓那條蛇經過，讓學生們認定牠是一條無害的蛇。

事實上，那是一條劇毒的北太平洋響尾蛇（學名：*Crotalus oreganus*）幼蛇。

成年響尾蛇能夠調整自己的行爲，牠們更有能力衡量浪費寶貴的毒液咬人一口是否值得。不過，幼蛇就像極度疲憊的幼兒，還沒有學會如何調控，因此會「先用劇毒咬一口」再說，這反而使牠們更具危險性。

當時，最大的威脅是我的學生們對那條蛇的反應，而不是那條蛇本身。雖然蛇可能看起來很嚇人，也有可能致命，但蛇只是想要存活下去的動物。牠們就跟我們一樣，在受到威脅時才會有所反應，但其實更希望照常做自己的事，不捲入衝突。野生動物（即使是頂級掠食動物）都知道，每一次激烈的衝突都有死亡的可能性，因此，最好避免戰鬥，而不是冒險一搏。

如果我的學生們對「被咬的機率極小」做出反應，而不是面對「一條安靜過日子的小蛇經過」這個現實，那麼極小的機率可能會變成重大的現實。並不是要責怪我們的生物本能，因爲大部分的靈長類動物（包括人類）演化出了對蛇有根深柢固的恐懼感。眞正該責怪的是，我們選擇如何對呈現在眼前的恐懼觸發因子做出反應。

腦部的基本解剖結構與生理機能（因此造就了我們對危險的最初反應）自遠古人類的時代以來，並沒有太大的改變。我們的腦天生被設計成要時刻警覺可能造成身體傷害的任何潛在威脅，這導致我們的恐懼喚起系統不斷地被現代日常生活的體驗所觸發，也就是說，如果我們沒有找到方法更好地應對我們對觸發因子的最初反應，這類狀況就可能持續發生。

還好，勇氣事實上具有感染力。

當我對那條蛇的反應是勇敢而冷靜，對我的學生們來說，表現得勇敢也就比較容易。我有被驚嚇到嗎？當然有被驚嚇到！但是我有足夠的實地經驗，知道在野外不要對動物過度反應。

腦部的基本解剖結構與生理機能
（因此造就了我們對危險的最初反應）
自遠古人類的時代以來，
並沒有太大的改變。

由於我的經驗和「神經再造工程」，我能夠運用「自己的初始情緒反應」與「實際表現」之間的「間隙」，選擇冷靜而不是驚慌。於是那條響尾蛇快樂地滑進灌木叢，學生們連腳步都沒有移動一下。

我們永遠無法根除自己對潛在威脅的本能生理反應，但是我們可以掌控自己如何對威脅做出反應，從而讓自己和身邊的人們生出更多的勇氣。

你的杏仁核會記帳

你是否曾經納悶，爲什麼某些恐懼似乎黏著你，無論你多麼努力甩掉它們？這種恐懼的「頑固性」，主要是由於我們的危險警報系統，也就是又名「煙霧偵測器」的杏仁核。這個嬌小但力量強大的戰士是邊緣系統中的一個關鍵角色，負責處理情緒，尤其是恐懼。

我們的杏仁核也有力量將壓力體驗印記在記憶之中。它像警覺的衛兵，隨時對潛在的威脅保持警戒，好讓我們可以爲生存做好準備。由於這麼做，它幫助我們憶起什麼東西很危險，進而幫助我們如何在未來保護自己。

人腦不斷地從大量刺激中篩選，以此斷定哪些對我們的目標和生存最爲重要。有時候，我們需要捷徑（某種「觸發因子」），才能加快資料處理的速度。「觸發因子」只是加快處理資訊的捷徑。我們已經習慣把「觸發因子」想得很負面，但它只是某樣東西（聲音、氣味、景象或感覺），因爲與某種特定的體驗有關聯，從而引發某種情緒反應。

多數人都愛吃餅乾，聞到烘烤餅乾的香味可能會讓你很快樂，因爲它使你想起奶奶的家。反過來說，餅乾的香味可能令你反胃，因爲你曾經無視即食麵糰上「請勿生食」的標籤，把麵糰吃了，結果食物中毒。

每次聽見雨水被車輪快速碾過的聲音，我就會不由自主地聳起肩膀，焦慮地屏住氣息。當年在傾盆大雨中開車穿越舊金山，我撞毀了自己心愛的「三菱日蝕」（Mitsubishi Eclipse），當時車尾還裝了《玩命關頭》（*Fast and Furious*）風格的擾流板（那可是二〇〇〇年代初期，別笑我啊）。現在即使開車的人不是我，但只要聽見車胎在天雨濕滑的路面上設法找到抓地力的聲音，我的恐懼警鈴就會響個不停。

杏仁核持續記錄我們與某段經驗（尤其是那些非常負面的經驗）相關聯的所有觸發因子，藉此學會如何保我們安全。

是挑戰還是威脅？

感覺持續受到威脅時，你不可能充分展現自己的才華以及眞正達到自己的期望。這是因

假使你需要快速回顧一下上一章提到的這些重要的腦部結構，這裡有一份方便易懂的圖解供你參考：

在「恐懼喚起反應」中很重要的腦部結構	主要功能
杏仁核：「煙霧偵測器」	「煙霧偵測器」總是對威脅保持警戒。調節情緒和生存本能。
前額葉皮質：「指揮中心」	負責高階認知功能：以邏輯為基礎的思考處理、情緒調節、理性決策、判斷、溝通、目標設定，以及理解自己與周遭世界的能力。
海馬迴：「記憶大師」	處理長期記憶以及調節壓力。
丘腦：「中繼站」	嗅覺除外，來自身體感官的所有資訊都先經由丘腦處理，再傳送到大腦皮質進行解讀。
下丘腦：「身體的恆溫器」	調節體溫、飢餓、口渴、疲憊、睡眠、晝夜節律。
前扣帶皮質：「調解者」	協助調節情緒，化解我們在「想法」與「感受」之間的內在衝突。

快速回顧一下
恐懼與勇氣的角色設定

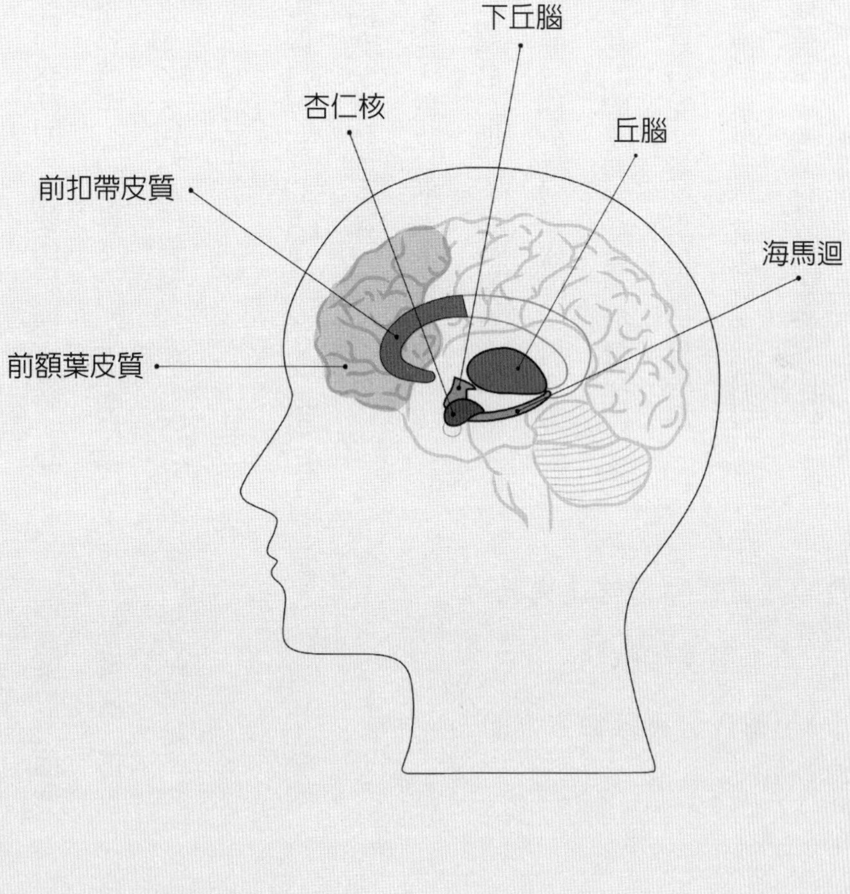

爲，從生物學上說，我們不是爲此而設計的。體驗到恐懼反應時，我們的每一個高階思考面向都會慢下來。處理複雜的情境、應對情緒，乃至專注於開車或泡杯咖啡之類的日常事務，都可能變得難以完成（如果不是不可能）。那實在太耗費腦力了。壓力（更準確的說法應該是「恐懼喚起狀態」）深刻地影響我們生活的各方面。

我曾在瑞士境內一場探討「神經再造工程的勇氣」（Neurohacking Courage）的會議上發表演說，一位名叫歐莉雅的與會者問我，爲什麼某些壓力情境可以讓人更有動力，其他則否。舉例來說，截止日期迫近可能使你加速完成專案，也可能嚇得你完全錯過截止期限。我們對壓力情境的反應部分是身體的，部分是情緒的，部分是認知層面。但是體驗究竟是令人振奮還是不堪負荷，其間的差異在於我們對情境的感知。我們把情境看作是挑戰還是威脅呢？挑戰是指我們覺得自己擁有獲得成功的資源和技能的情況。當感覺被挑戰時，我們可以輕而易舉地看見成長與成就的契機。不過，當我們感覺某個情境很危險，或是我們沒有獲得成功的資源或技能，這時候，我們就進入威脅反應。

> 壓力（更準確的說法應該是
> 「恐懼喚起狀態」）
> 深刻地影響我們生活的方方面面。

在發表那場演說之後不到二十四小時，我就在「挑戰」與「威脅」之間謹慎前行，當時我正搭乘極其安全的旋轉式纜車攀登「白朗峰」位於義大利的那一側，白朗峰是歐洲最高峰之一，高約四八〇〇公尺。克雷格和我翱翔在高聳到令人暈眩的古老冰川上方，很快便抵達了最高的山頂入口站——龐塔．海爾布隆納站（Station Punta Hellbronner）。過程中，我們倆都很安全，可是只有我不對勁。克雷格像吃了太多糖的跳跳虎，在空蕩的纜車裡活蹦亂跳，而我卻呼吸急促、口乾舌燥，而且根據我的iWatch心率監測器，纜車不是唯一向上飆升的東西。

即使我的理性腦（主要是前額葉皮質）知道自己十分安全（畢竟，白朗峰的纜車每十五分鐘就出發一班），但我的恐懼喚起系統卻還是全面啓動，我從緊緊抓住纜車內部的扶手，轉換成死命抓著克雷格的手臂。毫無疑問，我正在經歷由杏仁核驅動的恐懼反應。

雖然我不會說自己有懼高症，畢竟，我曾經從一架完好的飛機向下跳，也曾經在中美洲的各種瀑布與峽谷間垂降上千公尺。但是坐在這個經常運作的纜車裡，看著幾公里距離的地面瞬間呼嘯而過，對我那負擔過重的杏仁核來說（這對形狀宛如杏仁的腦部結構，驅動著我們的恐懼喚起反應），確實太沉重了。

來到幾近山頂時，我們從纜車內走出來，迎接我們的是積雪覆蓋、強風吹拂的登頂起點高原區，這裡是冰上健行者攻頂前的基地營。我的反應是什麼呢？緊緊熊抱著任何可以找到的堅實欄杆。那片基地營高原約莫六公尺寬，兩側是垂直的峭壁。中間是裝備棚屋和一間迷你咖啡館，服務像我和克雷格這樣只是上來看看風景的一日遊旅客，也服務那些即將冒著生命危險、體驗登上世界之巔的冰上健行者和登山客。攀登阿爾卑斯山的最高峰時，幾乎沒有任何容錯空間，而在那一刻，我感覺好像這個相對安全的中繼站，其實也沒什麼不同。

我雙腿發抖，一手死命抓著可以找到的任何欄杆，另一手緊緊抓著克雷格，就這樣跌跌撞撞地走進咖啡館，稍微坐下來休息一下，逃離外面那些嶙峋、垂直的峭壁。等最初的驚恐與噁心感慢慢平息後，我開始不只是思考自己感知到的「威脅」反應，還想起了歐莉雅前一天在工作坊中提出的問題：挑戰與威脅之間，有什麼差別？

在那個時刻，我未必感到不安全。邏輯上，我知道自己並非身處險境。然而，假使某個威脅反應是被誘發的，因為感知到欠缺技能、資源或支援，那麼「挑戰」可能很快地轉變成「威脅」。之前踏上纜車時，我心中沒有半點擔憂。我理所當然地以為，有鑑於自己之前的經驗，這勢必是一趟沒什麼大不了的好玩行程。不幸的是，我做出的假設是根據「疫情前的自己」。我從來沒有想過，要體諒一下那一刻的自己，畢竟我已經被禁閉在家中那麼長時間，早就不是那個習慣全球漫遊的我了。

在幫助我們處理經驗方面，我們的杏仁核容易相當原始且二元：安全或不安全、威脅或不是威脅。細微差別與多元光譜是「前額葉皮質」的領域，在我們以生物機制為基礎的恐懼反應中，它是另一位主角。前額葉皮質是我們的邏輯與理性的大本營，可以幫助我們做出最佳決策，規劃未來。不幸的是，當杏仁核被觸發並進入恐懼反應模式的時候，前額葉皮質就會幾乎處於「關機」狀態。這也是爲什麼，處在恐懼喚起狀態時，我們會做出極其糟糕的決定。

當我凌空看著腳下數千公尺呼嘯而過時，我那顆兩年來早已習慣只從家裡或毫無起伏的城市體驗世界的腦子，瞬間當機了。儘管以前做過類似的事，但那並不重要；在那一刻，我的勇氣已經萎縮——就好像太空人在太空只待幾天，肌肉便流失了。

或許你也感覺好像你「以前是」這個或那個，或這個世界似乎比「以前的世界」更嚇人。給自己留些轉圜的空間很重要，因爲事情是這樣，又不是這樣。坦白說，整體而言，這個世界絕不是「安逸自在」或「毫無威脅」。你的力量在於，你有能力把你的感知從「威脅」轉變成你可以克服和超越的「挑戰」。白朗峰的纜車行提醒我：你死命地抓著安全欄杆，同時其他人在廣闊的天地間開心地四處嬉戲，那也沒關係。每個人的故事都不盡相同，但這並不代表我們不夠勇敢。

四者連線

你玩過「四連棋」嗎?就是往一個棋座裡投入彩色棋子,希望能比對手先排出四子連線(同色)的那種遊戲?這個神經再造工程的重點是連線我們的四種感官,運用你的感官觀察當下的環境,從杏仁核手中奪回你的冷靜。

一、當你感覺到恐懼來襲時,暫停一下,運用你的每一種感官:視覺、聽覺、嗅覺、觸覺,把四種觀察連結起來。

二、無論是大聲說出來或在心裡默唸,請說出你看到的某樣東西,說四次,然後針對你聽到、聞到、碰觸到的東西,重複這個練習,每一種感官都說四次。

三、根據需要重複。

舉例來說,假設我即將走上舞台,應邀發表演說。當我的目光掃過一層層的觀眾席時,我的恐懼喚起指數開始飆升。為了讓狂跳的心臟平靜下來,我可以從觀察紅色天鵝絨的舞台布幕開始,對自己重複默唸四遍「紅色天鵝絨布幕」。接著,我會留意高跟鞋踩在磁磚地板上的喀噠聲、手中麥克風線平滑的橡膠觸感,以及熱熱的電子儀器的氣味,每一項都重複默唸四遍。

光是出現，就是一種勇敢，無論看起來是什麼樣子。對我來說，從纜車裡爬出來，然後緊緊抓住任何穩定的東西，並不代表我是懦夫；我是個在我的世界感覺好像傾斜失衡的時候，依然努力做出勇敢選擇的人類。

發揮作用的杏仁核

當恐懼壓力源被偵測到的時候，身體會本能地做出「戰鬥、逃跑、僵住或討好」的反應。這些原始反應深植於我們的進化史之中，屬於交感神經系統廣泛反應的一部分，使我們做好準備，處理有潛在危險的事件。請記住，交感神經與副交感神經系統分別是「油門」和「煞車」，它們是自主神經系統的兩個分支，負責維持我們在第四章探討過的身體運作。

戰鬥或逃跑反應

想像這個畫面：你正開著車沿路而下，突然間，一個小孩追著一顆紅色橡膠球，衝到你的車子前。那一瞬間，你的大腦立即行動，於是你的恐懼反應啓動。你的眼睛和耳朵將當下發生的關鍵資訊傳送給杏仁核。杏仁核作爲腦部處理情緒的動力來源，它快速地譯解接收到的影像與聲音，並斷定這是危險或安全。當你的車子朝著毫無察覺的小孩衝去時，你的杏仁核判定是危險，於是立馬向大腦的另一個部位——下丘腦——發送求救信號。

下丘腦是你的身體的求生指揮中心，負責聯繫你的大腦與身體的其他部分。一旦它接收到來自杏仁核的求救呼叫，就會觸發腎上腺素的釋放，引發一連串的生理變化，讓心跳加快、血流增加、呼吸加速，以此將額外的氧氣送往全身，使你感到更警覺、更有活力、更專注。

杏仁核與下丘腦之間的這種訊息交換極其迅速，甚至在大腦的視覺中樞還來不及完整處理畫面之前，它就開始運作。如此「行動優先於覺知」，正是這個過程往往被稱作「本能反應」的原因，也因此，有些人會說：「我不知道發生了什麼事，我只是直接反應。」

在這種情況下（希望你眞的這麼做），你會朝感知到的壓力源採取行動（戰鬥反應），於是猛踩剎車，而不是打開車門、翻滾下車、然後朝相反方向拔腿狂奔（逃跑反應）。

僵住

僵住是面對壓力事件的一種反應，這時，你無法移動或對令人苦惱的觸發因子做出反應。有兩種僵住反應：第一種是身體暫時僵住，爲的是針對情境蒐集足夠的資訊再做出反應；第二種是長時間僵住，這時，你無法反應，因爲你的大腦斷定，戰鬥或逃跑都不是最佳的生存之道。

一個瞬間僵住的例子是：沉睡的你被巨大聲響驚醒。於是你保持靜止不動、屏住氣息，等候更多感官資訊才能斷定，是否有人闖入家中，或者只是房子因爲自然因素而產生的輕微聲響。

而長時間的僵住出現在每一部恐怖片中，就是那種觀眾幾乎尖叫著「快跑啊！快跑！」的時刻，同時鏡頭拉近，對準一位臉色發白、驚恐萬分的青少年，面對危險的他，似乎動彈不得，只能大口喘氣、瞪大眼睛。

退縮

退縮是驚嚇反應的產物，它是自主的肌肉收縮反應，使你跳開或閃避潛在的威脅。退縮的持續時間通常很短暫，不會留下強烈而持久的影響。與其他四種恐懼反應不同的是，退縮時，你的身體快速處理威脅，接著可能會根據情況的發展，進入另外一種恐懼反應，例如，逃跑或戰鬥。

可以思考的一點是：如果你認爲自己比其他人更容易受到驚嚇，你可能是活在一種高度恐懼的狀態。最新的研究顯示，驚嚇反射（startle reflex）強烈的人，更有可能正在與焦慮或創傷奮戰。就好像卡在「開啓」狀態的電燈開關，他們的身體可能持續在高度恐懼喚起或「過度警戒」的狀態操作，因為他們的交感神經系統比負責「休息與消化」的副交感神經系統，更常處於主導地位。

討好

討好是為了逃避危險，身體在面對攻擊者的時候，反應出順從或取悅的行為。面對威脅的討好反應發生在當大腦根據之前的經驗斷定，無論戰鬥或逃跑都無法帶來安全時。討好反應出現在可以與壓力源理性溝通的危險情境中。舉例來說，一個被具攻擊性的同學霸凌的孩子，可能會恭維霸凌者，或承諾幫忙做某些事，以此逃過一頓毒打。他們也可能會把頭壓低，設法讓自己顯得渺小而不具威脅性。

這類對威脅的反應最常出現在曾經被虐待的人們身上。設法採用討好伎倆來避開危險的某人，會對攻擊者過度順從，過分熱心，企圖取悅對方，從而擺脫痛苦與折磨。即使在施虐者不再出現之後，討好也可能變成首選的生存機制，使經歷過創傷的人們養成不斷取悅他人的模式，因為他們的大腦仍舊企圖保護自己身體的安全。習慣依賴討好作為生存機制的人們，往往缺乏個人邊界，過度依賴他人的意見，因此時常容易被操縱。

從討好者到戰鬥者

雖然我從取悅他人的討好型轉變成堅定有力的戰士，並非發生在一夜之間（而且坦白說，這是一輩子的旅程），但我可以說，這是令人難忘的里程碑。

在恐懼中成長意謂著，我的首選生存策略是逃跑以及躲藏或討好。踏入職場後，這整套「跑去浴室躲起來」的策略並不管用，所以我高度依賴討好技巧，無論我付出什麼個人代價，總是默許和安撫他人。

攻讀研究所的時候，我在加州奧克蘭市中心的企業擔任應付帳款職員。我的石板藍布面辦公隔間內有一扇六十公分長寬的窗戶，看出去是距離只有十五公分的磚造建築。這是一份邊做邊學的工作，因爲我之前唯一的財務經驗是，稚嫩的十八歲那年，在銀行擔任初階出納員期間，被人用槍指著搶劫。

幾年來，我總是付出超出職責範圍的努力，包括從不說「不」，但我心裡明白，那不是我該待的地方。表面上，這份職務很讚，尤其是我當時還在攻讀研究所學位：全職、福利好、有保障。對某些人來說，絕對是夢寐以求的工作，但並不是我夢寐以求的工作。然後我畢業了，拿到我在生物學方面的第一個碩士學位，而且還留在原來的工作，因爲那份工作很安全。因爲咬牙撐過每天做著自己討厭的煩悶工作，比跳入未知來得容易。

我每天從家裡到車上、到停車場、到舊金山灣區捷運、從車站走到辦公室，單程通勤時間一小時。來來回回，日復一日。畢業後，我沒有離職，管理層對我的看法變了。我向來是那個「有求必應」的女孩，但是我選擇留下來（在我看來，那麼做很安全），卻不知不覺讓他們變本加厲，想盡辦法從我的時間裡擠出更多的「價值」。我就像傳說中的溫水煮青蛙，水溫越來越高，但我還是留下來。我沒有反抗，因爲我是乖女孩、懂得團隊合作、總是討好別人。

然後有一天，我一坐下來就尾椎刺痛。

我既沒有摔倒，也沒有發生什麼意外，更沒有玩滑雪板或眞的做了什麼事，除了一週坐著不動六十小時，將發票輸入QuickBooks會計軟體，逃避廠商打來追討未付款的電話（我可是早在「語音信箱」流行之前，就學會讓語音信箱幫我接電話了）。

過了六個月，看了好幾位醫生之後，我才領悟到，我的工作著實讓我的屁股痛到不行。從X光到核磁共振（MRI），家庭醫師到針灸，這一切一而再、再而三地告訴我「沒事」。然而卻沒有任何方法可以止住屁股的劇烈刺痛。我很茫然，不知道接下來該怎麼辦，很害怕這就是我未來的生活。所以我又重蹈覆轍——逃避現實，試圖用討好的老方法解決：接下更多的工作，對高層主管更和善，總之就是努力成爲那家公司門口有史以來最好用的小地墊。

所有這一切，跟往常一樣，通通沒幫助。

轉捩點出現在聖荷西市中心一家毫不起眼的啤酒花園裡。當時我正與前指導教授約翰・梅森（John Matson）博士見面，聊聊畢業後的生活。教授背後垂著最能代表他的灰色長馬尾，搭配一身口袋多到讓背包顯得可有可無的招牌傑克・漢納（Jack Hannah，譯注：美國野生動物專家，動物管理員，一九四七年生）狩獵風襯衫，他問說：「所以，你到底打算怎麼過這一輩子？」

哇嗚，約翰，我甚至還沒有喝完我的第一杯夏多內白酒呢，眞是的。

但是當然，他說的沒錯。在我告訴他我的悲慘故事之後，他的建言一針見血。我花了好幾年時間，付出了大筆的金錢，絕對不是爲了當應付帳款助理。但問題在於，我不只要負擔自己的生活開銷；還要供養海倫媽媽。這感覺好像足以讓我有理由待在一份自己痛恨的工作中，那是一份令我窒息且著實讓我屁股痛到不行的工作。

從瓦礫中重建

蝴蝶是個人蛻變的通俗隱喻，你八成記得中小學時看過的簡單示意圖，顯示蝴蝶獨特的變態過程。在三張簡單的圖像中，毛毛蟲變成蛹，最後破繭而出，化成華麗的蝴蝶。但現實更混亂，比我們起初所想的更像眞實的個人蛻變過程。一旦進入蛹的階段，改變就緩慢而漸進，毛毛蟲的身體由內而外，開始消化自己。

蛻變成新樣貌的原料必須來自於瓦解一切老舊。若要建造新樣貌，就必須先拆解老舊，才能以此作爲建構新生的零件。

在這個「超越恐懼練習」中，請回想你人生中的某個蛻變時光。那可能伴隨某個里程碑：畢業、出生、離婚、死亡，也可能只是一段情感或靈性蛻變期。接下來：

- 描述一下你人生中的這段時光，盡可地能調動許多感官記憶。當時的天氣如何？有哪些人在你身邊？記不記得當時你反覆播放哪一首歌？
- 你可以明確地表達或描述那段期間盤旋在你腦袋中的恐懼嗎？

- 你是否記得，在那段改變的季節期間，有某個時刻，你感覺好像自己已經溶解成一堆稠狀的黏液，處在那個過渡期，你不再是原本的你，也尚未成爲未來的你？
- 是什麼給了你從瓦礫中重建起來的勇氣呢？

我當時一定看起來相當消沉，因爲梅森博士主動拋出了我亟需的救命繩。「你聽我說，要不要先來幫我教一門課？薪水不會跟你現在的全職工作一樣，不過教的是科學，而且這可以改變生命，這兩項都是你當初上學的理由。」

就這樣，我去教書了。

那一次與我敬重的導師對話，給了我反擊的力量和自信，爲我曾經替自己設定的希望與夢想挺身而出，而不只是順從他人（我的主管們和我母親）對我的期望。那席對話給了我跳進未知的勇氣。有時候，改變是一點一滴累積出來的；有時候，則是一躍跳過萬丈深淵。

隔天，我辭去了應付帳款的工作，接下了那學期的那一堂教學課，又回去打工端盤子，補貼生活開銷，而且絕不再回頭。

然後你猜怎麼著？

我的尾椎疼痛，在離職後隔天就消失了。咻一下，沒了。

這不是魔法，而是我開始正視極度恐懼造成的心身癥狀，我深怕永遠無法活出自己的潛能，加上越來越恐慌，擔心自己過著從未眞正活過的人生，害怕最後會死在俯瞰那面磚牆的小辦公桌前。當我鼓起勇氣，爲自己人生中想要的東西挺身而出並迎接未知的未來時，我屁股上的疼痛就消失了。

那是二十多年前的事了。那天起，我選擇了勇敢踏進未知，放棄了一輩子躲藏與討好，放棄了感知到的安全。就跟你一樣，我的人生曾經是高潮與低谷不斷的雲霄飛車，但我可以說，從那以後，我對選擇科學與改變生命的專注投入，從未動搖。

而且我再也沒有感覺到如幽靈般出現的尾椎疼。

你是由杏仁核還是前額葉皮質驅動的？

身爲終生漫畫迷，又酷愛科幻與奇幻，我總是被那種代表情感對抗理性的人物搭配所吸引——這與杏仁核和前額葉皮質頗爲相似，這兩個腦區正是恐懼與勇氣故事中的兩大主角。

杏仁核的主要性格特質是行動，而前額葉皮質則是常識與邏輯。

從漫威（Marvel）的電影宇宙中，克里斯．漢斯沃（Chris Hemsworth）所飾演的雷神索爾（Thor）就像你的杏仁核——一切關乎行動、移動、戰鬥、保護。他朝危險衝去，即使心中沒有計畫。他是那種肌肉發達、內心善良、總是立意良善但不是最聰明的人物。而由湯姆．希德斯頓（Tom Hiddleston）飾演的詭計之神洛基（Loki），則是你的前額葉皮質。洛基始終在籌謀和計畫，試圖想法解決麻煩（麻煩通常是他自己當初惹出來的）。同樣地，你的前額葉皮質會設法幫助你搶先別人好幾步，盡可能地利用諸多資訊幫助你運用邏輯和卓越的智慧避開危險。

一個比較復古的例子是《星際爭霸戰》（*Star Trek*）裡的寇克（Kirk）和史巴克（Spock）。寇克當然是正式的艦長，總是憑著內心而不是腦袋做決定。假使他在危險的星球上冒險亂闖，展現情緒化又魯莽的一面，有時候就會需要永遠以資料為依據且善於分析的史巴克來接手。這算是前額葉皮質與杏仁核之間互動的完美寫照——因為在船艦上，同一時間只能有一位艦長。

當你的杏仁核被觸發時，以邏輯為基礎的前額葉皮質基本上就在打盹，導致你做出糟糕的決策，扼殺了自己的創造力。藉由在當下認清你的恐懼反應，並應用策略讓你的前額葉皮質重新掌舵，你就能重拾思緒的清明與掌控力，盡可能地做出最佳抉擇，然後繼續前進。

所以，哪一個是你的決策的艦長：邏輯還是情緒？你的前額葉皮質還是你的杏仁核？

這些理念早就出現在亞里斯多德（譯注：西元前三八四年至西元前三二二年，希臘三大哲人之一）教導說服的時候，在此，溝通者應該在其對「邏輯」（Logos）訴求與其對聽眾的「情感」（Pathos）訴求之間取得平衡。忽略任何一方都可能導致結果不盡理想。但是現代科學研究卻告訴我們，我們往往偏向其中一方。在最近一項結合參與行爲資料與功能性核磁共振（fMRI）的研究中，管理諮詢公司蓋洛普發現，我們所做的決策，有七〇％是情緒驅動的，只有區區的三〇％是奠基於邏輯驅動的理性因子。

無論是透過邏輯／情緒之類的故事，還是史巴克與寇克或洛基與索爾之類的角色，設法平衡我們內在的邏輯與情緒很重要，那是生存與管理恐懼的一大關鍵。

鏡像神經元：爲什麼勇氣與恐懼具有感染力

鏡像神經元（mirror neuron）之所以得名，因爲它們「鏡映」周遭人的情緒。當我們親眼目睹另外一個人執行某個動作或表達某種情緒時，這些具特定功能的腦細胞就被啓動了。鏡像神經元的設計是爲了幫助我們理解、同理，並回應他人的行爲、意圖和情緒狀態。當我們的鏡像神經元被激發時，它讓我們不僅體認到另外一個人的情緒體驗，甚至可能會親身體驗到那個情緒，這種現象叫做「情緒感染」。

鏡像神經元的概念解釋了：爲什麼無論是親身體驗還是經由媒體，光是看見別人表達喜悅或悲傷，我們就可以感覺到諸如此類的情緒。同樣的準則適用於憤怒、厭惡，以及我們的其他核心情緒。也因此，談到你所接觸的媒體內容時，某種程度上，你吸收什麼，你就是什麼樣的人。你只是津津有味地咀嚼那些憤怒權威咆哮尖叫的新聞嗎？你的鏡像神經元會幫助你感到更憤怒，即使你自己的人生中其實沒有什麼可氣。反之，如果你每天固定吞幾碗正向的內容，強化對你最重要的價值，那一定有助於增加幸福快樂、同理心，當然，還有勇氣。

此外，你自己的情緒狀態也可以直接影響其他人，因爲對方的鏡像神經元也讓對方感應到你的心理狀態。

> 鏡像神經元的概念解釋了：
> 為什麼無論是親身體驗還是經由媒體，
> 光是看見別人表達喜悅或悲傷，
> 我們就可以感覺到諸如此類的情緒。

鏡像神經元如何保護我們

你是否有過這樣的感覺：有東西很危險，可是卻說不出來爲什麼？多數人都曾經本能地迴避掉某次公開互動，卻無法明確地說出原因，那是由我們腦部的保護本能引導的。我們的大腦下意識地不斷蒐集資訊，那可能會觸發恐懼反應，而我們卻不知道到底爲什麼。這在某種程度上要歸因於鏡像神經元，它們幫助我們理解他人的意圖，而且在似乎不對勁的時候警告我們，讓我們感到不信任或不舒服。反之，當身邊的人很平靜時，就算處在潛在危險的情境中，也會幫助我們感到安全。

看見牢籠的欄杆，才能找到出口

勇氣不只是英雄式的壯舉，它也包含與他人連結、同理、理解他人等我們日常採取的小行動有關。唯有當我們可以清楚地看見人人與生俱來的生物學牢籠，我們才能開始找到自由的出口。

體認到人類生物學上的限制，有助於培養同理心，也讓人更深入地理解到，我們對生活的反應並不總是能由我們掌控，而且這點完全沒問題。那就是身而爲人的一部分。但我們也不是任由杏仁核擺布的生物。是的，當杏仁核過度反應時，確實讓人不太好受，但是運用你在此學到的知識，你可以透過實作和神經再造工程，找到方法，強化你的勇氣肌肉。

唯有開始看見自身牢籠的欄杆，我們才能逐漸掙脫束縛，而這也啓發他人做到同樣的事。

當你改變，世界也跟著改變。

第6章

社會性恐懼：為什麼別人讓我們害怕

「我無法逃避死亡——但我至少可以逃避對死亡的恐懼。」

——愛比克泰德（Epictetus，譯注：約西元五〇年至西元一三五年，古羅馬新斯多葛主義哲學家）

語言是人類溝通的主要形式，也是任何社會的習俗、信念、價值觀在成員與世代之間傳承的工具。從故事到歌曲，語言是我們學習、分享、成長的方式，也是我們散播恐懼的媒介。

無論是透過書寫、口說或手勢表達，我們傳達恐懼的方式，對所有人都造成深遠的影響。「散播恐懼」（fearmongering）是一種說服的手法，它傳達誇大或虛假的資訊，爲的是灌輸恐懼，以此控制、操縱、剝削他人。假使不加以遏止，這可能會導致社會變得更加暴力、好鬥、不寬容、充滿歧視。持續悲觀絕望的訊息，也可能造成人們退縮、與社會脫節，變得孤立、抑鬱、寂寞。此外，這還可能導致對制度乃至其他人缺乏信任，逐漸侵蝕社會的結構。

語言有力量。

「恐怖分子」之類的詞彙，曾被用來證明戰爭、監控、限制權利和自由的法律合法正當。在危機或不確定時期，當人們更有可能受到恐懼和憤怒之類的強大情緒影響時，散播恐懼的言論就運用得更加頻繁。

我是大一新生時，發生了九一一恐怖攻擊事件。當時還不是網際網路無所不包的時代，我記得我跟全國人民一樣，緊盯著電視和收音機，不錯過與此事件相關的任何新聞。之後的幾天和幾週，我腦中最鮮明的幾段記憶是，媒體對暴力的過度聚焦。他們的報導讓恐怖主義似乎成爲當時我們國家無所不在的威脅，我們需要時刻警戒這事。這種「我們對抗他們」的敘事手法，暗示我們應該謹防左鄰右舍，否則「我們可能會是下一個」，結果導致了以保護「安全」爲名犯下的暴力行爲。

背景資訊

當我使用「西方社會」或只是「社會」這個詞的時候，我指的是許多人民群體，他們共享一套從古希臘演變而來的廣泛習俗、信念、社會規範、倫理價值、政治體系、實踐方法。多數人會將現代的美洲、英國、歐盟地區視為西方社會。我想要特別說明的是，西方觀點並非絕對的真理。但是由於我主要生活在美國和英國，加上在澳洲住過一段時間，熟悉這些地方，因此那些社會深深影響了我在本書中分享的個人體驗。

我絕不會嘗試為我沒有深度了解或體驗的文化發聲，因此，如果你覺得，我對社會中恐懼的觀點與你的特定文化體驗不相符，我鼓勵你透過MaryPoffenroth.com與我聯繫。我很樂意聽聽，你對恐懼和勇氣的文化體驗與我的體驗有何差異，而且，誰知道呢，說不定下一本書就是《恐懼與超越：全球版》（*Brave New You: Global Edition*）。那可是美夢成真啊！

我們當然都希望感到安全。我們希望信任自己的領導者及其決策，也希望相信我們讀到、聽到、看到的一切。可是當散播恐懼或煽動恐懼成爲主要的溝通方式時，假使不加以制止，可能會對社會造成極大的傷害。

恐懼經濟學：恐懼的販售與行銷

爲什麼我們要不斷遭受無止盡的宣傳轟炸，而這些宣傳的設計是要讓我們持續處在恐懼狀態中？

被嚇壞的人要花錢才感到安全。

恐懼的經濟根據這樣的理念蓬勃發展：我們總是處境危險，而唯一能夠保護自己的方法是，購買承諾提供

> 恐懼的經濟根據這樣的理念蓬勃發展：
> 我們總是處境危險，
> 而唯一能夠保護自己的方法是，
> 購買承諾提供我們保障
> 並幫助我們降低風險的產品。

我們保障並幫助我們降低風險的產品。廣告商強調最糟糕的情節，通常利用人們害怕自己不值得被愛，或是對安全的擔憂，或是對健康的不安，來推銷某個產品或服務。

被嚇壞的人們容易做出糟糕的決策。

藉由操弄我們的焦慮與不安全感，人們得到鼓勵，去消費那些承諾帶給我們愛、保護、安全感的產品，即使那個威脅未必眞實存在。我們不斷地吸收訊息，使我們充斥著「錯失恐懼症」（FOMO, fear of missing out），焦慮自己的工作是否有保障，更操弄我們對地球未來的擔憂。

被嚇壞的人們比較容易操控。

廣告商了解，我們的大腦天生對威脅有反應，這使得恐懼成爲一種極其有效的操縱手段。藉由觸動我們與生俱來的自衛本能，加上人類天生容易害怕未知，如果訊息以警告某種危險或傷害作爲框架，我們更有可能好好聆聽——無論訊息是否屬實。對此，我們立即感覺到想要保護自己與所愛之人的衝動，於是做出購買安全警報系統之類的事，以便爲自己帶來安全的假象。

因此，有必要更加覺知到，奠基於恐懼的溝通對日常生活造成的影響，如此，你才能試著打破總是處境危險的幻相。

販售愛給「不值得被愛的人」

就如同利用我們對人身安全的恐懼是一門大生意，針對我們內心「不值得被愛」的懷疑，也是另一種推動消費的可靠手法。

這種手法的運作方式是：如果你認爲自己在某方面「不值得被愛」，那你就比較容易被承諾如魔法般將你平淡無奇的人生，變得像灰姑娘一樣光彩奪目的行銷手法所吸引。但這些廣告很少是表面上看起來的那樣。首先，你現在的樣子就值得被愛。其次，如果有廣告宣稱，只要輕刷一下睫毛膏，就能修復你內心深層的情緒想法或感受，那你要立即轉身離開。他們販售的唯一東西是天大的謊言。對廣告商來說，利用特定族群的美夢與惡夢牟利正是行銷學的基本套路。

在這方面，今天最惡名昭彰的行業之一，就是美容產業。

別誤會，我熱愛彩妝藝術，也非常熱中肌膚保養，還是隨身攜帶絲芙蘭（Sephora）頂級Rouge卡的VIP會員。不過老實說，許多美容產品的廣告方式實在卑鄙邪惡。舉例來說，我在泰國機場偶然看見一支美白產品廣告：畫面中，一位膚色較深的女子，神情沮喪而哀傷。她的男友跟她分手了，和一位膚色較爲白皙的女子在一起。結果，她沒有清除掉心中這個膚色歧視的渣男，反而購買廣告中的產品，從頭到腳把自己的肌膚全部漂白。然後，前男友看見她時，立即想要復合，而她居然接受他回頭吔！而且還……很開心？我差點就在機場的第一航廈放聲大哭。

糞基於恐懼的行銷，是一種陰險且有毒的廣告手法，它利用我們的不安全感與脆弱，操縱我們購買商品。但我們可以反擊，避免被這類行銷手法利用。第一步是要知道它長什麼樣子。

糞基於恐懼的廣告，往往採用會引發焦慮或擔憂的語言，同時誇大宣稱，如果不購買該產品或服務，可能會帶來什麼危險或風險。這些廣告活動有時候還會利用稀缺策略，例如「限時」優惠或折扣，讓你覺得必須馬上行動，否則會錯失良機。

> 糞基於恐懼的行銷
> 是一種陰險且有毒的廣告手法，
> 它利用我們的不安全感與脆弱，
> 操縱我們購買商品。

最讚的是，一旦你開始留意這些伎倆，就再也無法忽視這些策略。這些變得明目張膽到刺眼，讓你輕而易舉就可以避開試圖利用情緒操縱來牟利的公司。用你的金錢投票，表達你對散播恐慌的厭惡，而且只向與你的價值觀相符的公司購買產品。

當消費者改變，企業才會改變。

你在社會中的角色是什麼？

我們都是環境的產物。我們的信念、行為、我們採用的人格面具，都是由我們周遭的世界塑造的。這包括我們的社會政治身分，那有可能影響我們展現勇氣的能力。

社會政治身分，存在於你的「社會自我」與「政治自我」的交叉點上。這些是社會背景中的你。舉個例子，我的社會政治身分之一是：我是在男性主導的產業中擁有哲學博士學位的女性，這點促使我極度關心女性的教育與賦能。

我們的社會政治身分由政治立場、宗教信仰、社會關係構成。這些身分與我們的核心價值觀起共鳴，提供一種歸屬感。但它們也可能是恐懼與焦慮的根源。害怕被排斥、害怕被評價、害怕與眾不同——這些焦慮深植於我們的社會政治身分之中。

社會政治身分的作用可以是無形的界線，將我們局限在舒適圈內。害怕跨越這些界線可能會抑制我們的勇氣，從而不敢探索、質疑、成長。這些身分是複雜而細緻的建構，塑造我們的世界觀且影響我們的行動。它們也可能影響我們害怕什麼，以及賦予我們無論付出多大代價也要繼續前進的力量。

由於我們的社會政治身分既可以賦予我們力量，也可以束縛我們，因此了解哪些身分對我們最爲重要就格外關鍵。請深入探討你自己的社會政治身分，從下列清單中選出三個對你來說極爲重要的身分，重要到你願意爲它們上街遊行、參加集會、捐款甚至挺身奮戰。選出最重要的三項之後，請詳細說明，你如何以具體行動爲這些身分挺身而出。你的日常選擇與行爲，是否強化了這些身分對其他人的重要性？如果沒有，又是爲什麼呢？

年齡／世代群體	心理健康狀況	種族／族裔
體態／體型	原國籍	宗教信仰
教育程度	鄰里／地理位置	性取向
性別認同	職業／就業狀態	社經地位
移民身分	父母身分	是否爲退伍軍人
語言能力	身體能力／殘疾狀況	
婚姻狀況	政治立場	

蘊藏在現代媒體中的恐懼

所有類型的媒體都是社會中傳播恐懼的主要方法之一。大型和小型的媒體散播者，都經常使用不祥的預感和懼怕的氛圍，來提升收視率或增加觀眾的參與度。當你考慮到，凡是擁有基本科技（且生活在某種程度上的民主國家）的人，都可以成爲自己的媒體製作者，這意謂著，有更多的機會散播未經證實的謠言與蓄意的錯誤資訊。而且這類「資訊」可能會製造恐慌感，尤其是在資訊錯誤或誇大的情況下。當我們只吸收暴力與悲劇的故事時，就會感到更加焦慮、不知所措、害怕。

訓練我們的大腦面對悲劇

當我們看見或聽到引發恐懼的故事時，那會使我們在心理上反覆排演悲觀絕望的情節。這點啓動前額葉皮質中的恐懼反應，即使我們並沒有直接面臨危險。當然，社群媒體可能會讓恐懼驅動的羞愧與壓力變得更糟。持續的網路連線、線上新聞不間斷地循環播報，以及我們生活在越來越多看不見的觀眾群審視監督的情況下，意謂著，我們的恐懼反應持續被觸發。而且因爲線上生活不斷擴張，從大量湧入的圖片影像到個人品牌，「受威脅」的感覺永無止境。

現代生活容許我們將前所未有的大量時間和心力投入更高階的課題，例如，社交互動、地位焦慮、自我實現。而我們花越多時間拿自己與他人比較、過度在意自我形象（無論是線上或線下），我們的大腦就花越多時間處理「威脅」，擔心因爲某個愚蠢但不可能刪除的錯誤而遭到排擠。

但是，我們經由螢幕體驗到的危險感，在社群媒體上「比較然後絕望」的傾向，卻只是開始。長時間接觸暴力內容除了提高恐懼喚起狀態之外，還可能對神經造成長期的影響。在極端情況下，甚至可能導致創傷後壓力症候群。這意謂著，只是觀看暴力事件影片的人們，儘管不是親眼目睹，還是會出現類似眞實體驗到創傷事件的症狀。

研究顯示，接觸暴力事件的人們（無論是親眼目睹還是透過數位媒體）反映，再次目睹類似事件時，他們感到「喪失人性」與「麻木不仁」。這很可能使他們產生，類似情境會發生在自己生活中的強烈恐懼感，降低他們對暴力受害者的同理心，或促使他們相信，極端暴力是人生的正常現象。

活在資訊過載的時代

難怪我們的大腦感到不堪重負、壓力山大。多數人不斷地被來自手機、筆電、平板電腦上的電子郵件、社群媒體、新聞更新、訊息提示轟炸。這種現象可能感覺沒完沒了，通常被稱作「認知過載」（cognitive overload）。

人腦在同一時間可以處理的資訊量是有限的，當我們超出那個容量時，「認知過載」就會發生。一旦達到極限，我們的專注能力就會減弱，使我們喪失做出良好決策或記住新資訊的能力（嗨！腦霧，我知道你又來了）。

大腦處理新資訊的容量並非固定不變，而是根據個人或被處理的資訊類型起伏變化。當進入腦中的資訊量超過了個體所能負擔的資源時（例如，面對緊迫的截止日期，我們會設法同時處理多項任務），認知過載就會發生。這可能導致更頻繁地啟動恐懼反應、心理的苦惱增加，於是感到不堪重負、焦慮、無法應付日常生活的各種要求。

> 人腦在同一時間
> 可以處理的資訊量是有限的，
> 當我們超出那個容量時，
> 「認知過載」就會發生。

認知過載也可能使我們比較容易陷入錯誤推理與決策失誤的陷阱。當負荷過度時，我們更有可能接受不正確、有偏見或有特定立場的資訊，沒有審慎思考資訊來源是否可靠，或是否還有其他資料。在這種狀態下，我們更容易受到錯誤資訊的影響，於是對實際風險做出不切實際的評估，進而引發更嚴重的焦慮。

如果想要活命，請點擊這裡

爲了提升觀眾的參與度，時常壓力巨大的新聞記者和編輯，有時候便訴諸聳動的內容來製造一種虛假的危險感，以此誘使人們點擊文章（又名「點擊誘餌」clickbait）。無論是誇大的事實，還是使用引發恐慌氛圍的語言，以嚇人的手法創作內容，從而博取點閱率，都讓人感受到不必要的恐懼。

這種手法在與健康相關的文章中尤其常見，特別是警告特定生活方式選擇或狀態具危害性的報導。這類煽動恐懼的內容，確實能有效吸引注意力並製造緊迫感，但也可能導致不必要的恐慌，同時在消費者與媒體平台之間建立起一種不信任的氛圍。

當人們過度依賴聳動的新聞報導時，他們的現實觀就扭曲了，甚至開始相信虛假的資訊或陰謀論，而這可

> 當負荷過度時，
> 我們更有可能接受不正確、
> 有偏見或有特定立場的資訊，
> 沒有審慎思考資訊來源是否可靠，
> 或是否還有其他資料。

能帶來嚴重的後果。當人們因爲過度誇大的媒體報導變得極度恐懼時，就可能採取極端的手段，例如，囤積嬰兒配方奶粉，或在宗教場所發動大規模槍擊——這些本是可以避免的，只要提供的是比較準確的資訊。此外，當人們不斷被負面資訊轟炸時，也會變得麻木不仁，在需要採取行動的時候反而沒有反應。

以恐懼爲基礎的新聞報導，無論形式爲何，都會分化社會，營造出「我們對抗他們」的心態，這類心態排斥有層次或另類的視角，只將一方描繪成善，另一方描繪成惡。恐懼驅動的報導並沒有呈現事實，也沒有努力呈現故事的各個面向，反而是單方面的報導，只會讓人與人之間的分裂更加嚴重。

神經再造工程 5

凝視近處和遠方

有一種簡單又方便攜帶的方法，可以幫助興奮的杏仁核恢復平靜，這種練習叫做「聚合式與發散式策略性眼球運動」（convergent and divergent strategic eye movements）。這聽起來很複雜，其實相當簡單。當你「鬥雞眼」、雙眼往中間靠攏的時候，就是聚合式眼球運動；而當你讓雙眼向外擴展、擴大視野時，就是發散式眼球運動。

這個神經再造工程可以啟動迷走神經，而迷走神經正是人體壓力反應系統中的關鍵角色。當你處在劇烈的恐懼喚起反應之中，做幾次這個眼球運動，就可以向你的身體傳遞「一切安好，你很安全」的訊息。

操作方式如下：拿起一支筆，擺在眼前，靠著鼻尖的位置。然後雙眼聚焦在那支筆上，這時，你看到的筆會變模糊且有重影。接著，慢慢移動筆，讓它遠離你的鼻子，同時雙眼保持注視那支筆，直到手臂完全伸直為止。接下來，將筆慢慢移回到鼻尖，但雙眼始終凝視著那支筆。重複這個動作幾次，直到你慢慢感到輕鬆為止。

沒有筆也沒關係，你的手指可以派上用場。

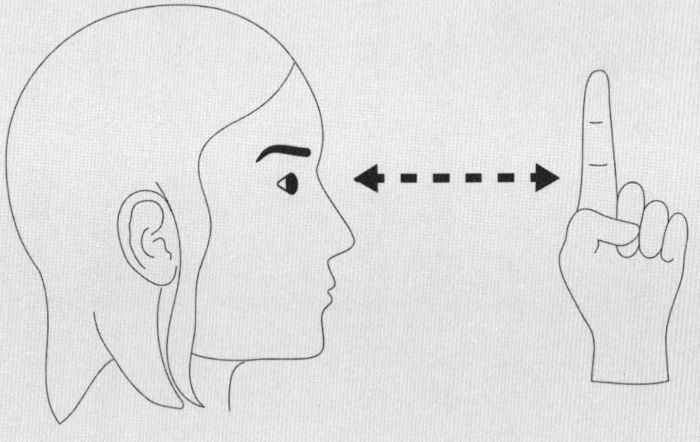

負面資訊滑不停

早期的網際網路創作者，夢想運用能在數秒內連結全世界人們的魔法，建構一個數位烏托邦。他們構思了一個資訊充足、比較健康的世界，有更多的教育和愛。而且，在許多方面，網路的存在確實似乎就像魔法，但是網際網路同時蘊含著閃耀與哀愁。如今，網際網路與社群媒體，許多時候不再是激起知性或理性的對話，而是被情緒驅動的引擎。以媒體喚起情緒並不是新鮮事，但它卻對心理與生理健康造成巨大的負面影響。

下拉、更新、重複。

因爲是群居的生物，人類才能夠成功地熬過人生的種種艱難。共享資源並在群體中找到安全意謂著，在意是否被個體或某個社群所接納，在進化上對人類物種來說是有利的。不過，我們並沒有演化出能顧及、同理、內化——數百人的意見、情緒、反應的能力，更甭提數百萬人了。

生活在網際網路出現之前的社區，從不需要像今天這樣進行威脅分析，只爲了維持「完美」的公眾形象。結果，我們早已過時的恐懼反應，如今猖狂肆虐，因爲我們思忖著是否該張貼那張照片，同時一邊比較、一邊陷入絕望，最終讓自己越來越深陷焦慮的深淵。

疫情初期，我困在家裡，無法採取行動或與外界互動，只能狂刷手機上的新聞。我每天花數小時不停地滑動、留言、按讚、分享與我的立場相符的訊息，然後繼續滑著手機。每看一則新貼文，我便從熱血沸騰轉成怒不可遏，到興奮雀躍，再到心碎崩潰，一切全都發生在幾分鐘內。

我嚮往社群與連結，但由於當時洛杉磯全城封鎖，我只能在線上找到這些。我的理性腦知道，不斷滑手機來舒緩對未知與恐懼的焦慮（即所謂的「負面資訊滑不停」），只會讓我的生活變得更糟，不是更好。但我的情緒腦關不掉那個應用程式。負面資訊滑不停成了我逃避無力感的方法。如果世界在我身邊崩塌毀滅，我想，至少我準備好了。

下拉、更新、重複。

在我對未知與不可控的恐懼深處，我並不覺得自己過度吸收新聞有什麼問題，因爲我替那些無止盡的滑動找到了理由，認爲我是在「做研究」，是在「當一個消息靈通的好公民」。我以爲，只要我接收到足夠多的資訊，只要我吸收了足夠多的內容，只要我閱讀了足夠多專家的

> 生活在網際網路出現之前的社區，
> 從不需要像今天這樣進行威脅分析，
> 只為了維持「完美」的公眾形象。

火爆觀點，就能掌控情境。我可以重拾失去的掌控感，我可以再次感到安全。

但事實並非如此。我那負責預測、準備、規劃的前額葉皮質，反而點燃了我的杏仁核，因爲我不斷把自己的腦子送去參加悲劇訓練營，在腦海中預想著引發恐懼的體驗。

天生渴望連結

從我們出生的那一刻起，社會便悄悄地在我們耳邊低語，告訴我們該害怕什麼、不該害怕什麼。這個持續不斷的微妙背景音軌，住進我們的腦袋裡，揮之不去，而我們也早就習以爲常，往往要到眞正開始好好聆聽，才注意到它的存在。當我們更深入地探究，就會發現，許許多多的恐懼其實只是反映傳承給我們的社會規範。

那些恐懼其實不是我們。

在分辨訊號與雜訊時，挑戰的一部分在於：我們的大腦天生是爲了融入群體而設計的。作爲社會性物種，人類的杏仁核將社群看作是安全與生存。事實上，許多研究已經顯示，對身體與心理健康而言，社會支持是絕對必要的，而且這涵蓋了從壓力復原力到創傷相關的心理障礙，再到醫療病患的生存率與康復率等一切事物。

但是融入社會並不容易。我們不斷地被傳統的成功標準包圍，同時不斷被提醒著有風險。

無法符合結婚、生子、購屋（甚至只是能夠不再和分類廣告網站Craigslist上找來的室友同住）、財務有保障等期待，所帶來的心理負擔沉重到我們可能會因爲恐懼、羞愧、罪疚而與社會疏離。這可能會讓人覺得，其他人就是無法理解我們的困難（不過我偷偷告訴你：其實每一個人絕對都懂）。

另一個常見的擔憂則是，害怕被視爲「難相處」或「不值得被愛」，進而擔心被批判。我們可能非常害怕被拒絕，於是努力將自己塑造成我們認爲社會可以接受的形象，因爲我們太害怕孤獨終老。社會有時候就像無所不在的幽靈，不斷低語著「你不夠好」或「你掌控不了」，但我們可以選擇是否要聆聽這些夢魘般的吟唱。

社會的牢籠可能感覺浩瀚無邊，難以撼動，但我不這麼認爲。人類創造了這個我們出生時就存在的社會，所以，身爲人類，我們絕對有力量將社會重新塑造成一個真誠、透明、尊重、包容的社會，那是一個我們的溝通能夠激發靈感、創新突破、包容接納的地方。

人類創造了這個我們出生時就存在的社會，
所以，身為人類，
我們絕對有力量將社會重新塑造成
一個真誠、透明、尊重、包容的社會。

那麼，我們如何擺脫社會期待的枷鎖？同時又能享受社群與連結所帶來的好處呢？答案是：高度覺察那些造成我們有壓力的社會壓力。某種程度的不安全感是人生自然而然的一部分，可是一旦擁有工具，可以更好地應對不安全感帶來的不適，我們就能夠更輕易地拒絕與我們的核心價值不契合但具說服力的言論。

我們可以從運用自身的知識，採取具體的行動，例如，主動地減少接觸只是意在激起恐懼或操縱的訊息，逐步打破禁錮我們的枷鎖。接著，我們可以善用並分享自己得到的智慧，開始幫助他人得自由。當我們透過教育與公開透明，而非恐懼、罪疚、羞愧，逐步散播我們共同的信念、做法、價值觀時，我們就開始打造一個更包容且更有勇氣的明天。

第7章

個人的恐懼：當我們讓自己感到害怕時

令你崩潰的並不是負擔，而是你承受負擔的方式。

——蓮娜．荷恩（Lena Horne，譯注：一九一七至二〇一〇年，美國歌手）

我的生父是美洲原住民，我的生母則有歐洲血統。小時候，我記得時常有人告訴我，我很幸運，外表看起來像白人。我那位「阿帕契族」（Apache）兼「科曼奇族」（Comanche）的麥朵阿姨，與海倫媽媽一起扶養我長大，她總是強調，「保護我的白人外貌」很重要。因爲，就跟許多混血族人類一樣，我的皮膚只要在沒有防曬保護下曬一天太陽，膚色可能會迅速變深、變黑，因爲我的身體容易產生黑色素。我很早就被教導，生活在美國要明白，膚色等同於安全與否。我的大腦從小就被訓練要害怕曬黑。

有一幕非常鮮明的童年裡記憶：我與麥朵阿姨騎著馬，穿越高高的夏季草原。她微瞇著眼睛，神情認眞地轉向我，說道：「看起來像白人，能讓你安全。」麥朵阿姨在「原住民保留區」（The Rez）長大，她一生體驗到非白人外表帶來的各種困境，多到與她曬了多少太陽無關。

我夢想過被社會接納，活得安全，免於暴力，因此深深內化了這則訊息，甚至爲了防曬，投入了無數的時間，更甭提多少金錢了。儘管我沒被曬傷，但我的浴室抽屜裡卻塞滿了十五種不同的防曬乳，同時衣櫃內有各式各樣的大寬邊帽、超大墨鏡、含防曬係數的上衣。事實上，我甚至買了五頂一模一樣的黑色寬邊帽，分別放在車子裡、背包內等不同的地點，以防出門忘了帶。我內化了這則息：保護皮膚不被太陽曬黑，意謂著，我在保護自己免於種族歧視與不公平的對待。當然，就跟每一個人特有的許多恐懼一樣，我從來沒有眞正深入思考過這種執著的防曬行爲，只是習以爲常地那麼做。

你有哪些習慣，其實背後藏著更深的恐懼？

那是陷阱啊！

你是否曾經發現自己困在負面思維的循環中？又或者，儘管有令人稱羨的成績與成就，卻感覺好像自己是冒牌貨？或是痛責自己沒有成爲你「應該」成爲的那個人？

我們的杏仁核渴望感覺安全和掌控全局，但在努力駕馭人生中最艱難的部分時，我們卻躲進許許多多的心智陷阱中。心智陷阱是導致限制性行爲的思想、信念或自我對話。它們由扭曲的現實觀點與非理性的思考方式構成，使我們感覺招架不住或力不從心。常見的例子包括「我不夠好」或「我總是搞砸每一件事」之類的想法。這些心理劇本往往依據過去的經驗，而且深深地影響我們現在的決定和行爲。

一套最初由精神科醫師兼研究人員亞倫．貝克（Aaron Beck）提出，後來由貝克的學生大衛．伯恩斯（David Burns）在十年後推廣普及的理論認爲，認知扭曲是我們可能會陷入其中、從而卡住的「心智陷阱」。它們可能會變成無用思考和不健康行爲的模式，往往導致自我

心智陷阱（又名認知扭曲）以許多形式出現，不過常見類型包括如下幾種：

心智陷阱	說明	實例
預言式思維	做出大膽但沒有根據的預測，或在沒有驗證的情況下，假設他人的想法與感受。	「我知道他一定會說不，所以乾脆不問了。」
放大與縮小思維	放大和誇大負面（例如，恐懼、失望、或失落），而且縮小或忽視正面。	「我不敢相信我把副本寄給了整個部門。我的工作表現爛透了；我一定會被炒魷魚。」
以偏概全	完全靠一次罕見的負面事件來定義某事或某人，以為那是永無止境的模式，或使用絕對的詞語，例如「全都」、「總是」、「從不」或「完全沒有」。	「我交往的每一個人都是不成熟的廢物。我永遠找不到真愛。」
應該式陳述句	習慣將一套不切實際或過於僵化的行為規則或標準強加在自己或他人身上。使用「應該」或「必須」之類的詞彙。	「我絕不可以在他人面前哭泣，因為成功的女人在他人眼中應該很堅強。」

常見的心智陷阱

心智陷阱	說明	實例
全有或全無的思維	用二元對立的視角看待事情，而不是以細緻有層次的連續觀點思考。	第一次且唯一一次嘗試做菜失敗，就認為自己是糟糕的廚師。
什麼錯都往自己身上攬	不公平地把自己無法掌控的事件歸咎於自己。	你不斷道歉，因為家庭野餐遇到下雨。
自動化思考	被觸發後，瞬間反應產生的想法或畫面。	一聽到批評就立即反應：「我沒有價值」、「我是失敗者」、「我不好」或「沒有人理解我」。
責怪別人	事情出錯時，總是責怪別人，從不檢討自己。	「本季沒有達標，因為我團隊裡的人又懶惰又無能。」
災難化思維	相信有可能最糟的情況一定會發生，或是在沒有證據支持結論的情況下，做出負面的詮釋。	如果我們晚餐沒有準時到，你媽媽一定會討厭我，然後我們就得取消婚禮。

挫敗的想法和感受，局限我們的潛能，使我們在人生中難以前進，感到不安和挫敗。

這些「心智陷阱」（mind trap）或「認知扭曲」（cognitive distortion），被認爲源自於「認知偏差」（cognitive bias），這種現象根植於我們的大腦企圖簡化處理中的資訊。基本上，這些是可能會害我們犯錯的心智捷徑，它們導致我們做出不正確的決定和錯誤的結論。

這些偏差來自於許多不同的根源，包括情緒、我們感知資訊的方式、以及我們原有的信念或態度。如其名所示，「心智陷阱」是一種心智的牢籠或路障，可能會阻礙我們達成目標、發揮全部潛能或實現夢想——你懂的，就是那些我們總說想要更多的好東西。

心智陷阱是資訊處理錯誤，發生在當我們的思維模式變得太過僵化或狹隘的時候，導致看不見其他解決方案或替代選項，因爲我們聚焦在某個觀念或視角，排除了所有其他的可能性。我們卡在這些心智循環中，因爲人腦的設計旨在辨認模式，釐清事情爲什麼發生。這點在我們設法解決問題時可能有幫助，但是當它帶領我們走向錯誤的道路時，肯定適得其反。

心智陷阱並不代表我們的品格有什麼弱點或缺陷。它們極其普遍，發生在每一個人身上，包括最成功且最具影響力的人們。它們只是我們思考過程中的「小故障」，可能使我們以自我貶低的負面方式感知事件或互動，即使是在所有證據均顯示事實並非如此的情況下。

辨認並覺知到自己的心智陷阱，是戰勝這些陷阱並活出更充實滿意人生的第一步。有了覺知與理解，我們就能學會看見然後掙脫這些思考模式，建立比較健康的心態。

深入探究

當我們躲進某個心智陷阱中，逃避面對使我們害怕的事物時，我們的杏仁核可能會在那一刻感到平靜，於是我們暫時覺得安全。但最終，這些心智陷阱卻阻礙我們成長爲我們知道自己可以成爲的樣子，或無法達成我們渴望在人生中建立的眞正情感連結。隨著自尊心陡降，我們承擔風險或嘗試新鮮的勇氣也會隨之減弱。

許多常見的心智陷阱，通常受到我們的人生故事影響，例如，不利的成長環境、創傷事件、我們對自己成功與否的看法。當放任不管這些時，它們可能會引發負面的自我對話和自我破壞的衝動，只是爲了證明自己有價値，最終陷入不堪重負、壓力山大、焦慮纏身的感覺。

過度警戒：蜂鳥不鬆懈，我為什麼應該鬆懈呢？

不只是幾位現任朋友和前男友給我起了「蜂鳥」這個綽號，因爲他們幾乎沒有見過我休息。就跟蜂鳥一樣，整天在餵食器與花朵之間飛來飛去，從清晨到深夜，我不斷地忙碌、奔波。我快速地穿梭在各個場域或各項任務之間，總是設法先發制人並爲每一個有可能的危險擬定對策，讓我感到安全，可以掌控紛亂的世界。我把這當作一種超能力，因爲那意謂著，我總是很有生產力。

但事實上，我無法休息，更多是因爲我卡在過度警戒的狀態。

過度警戒是不斷擔憂、規劃、爲最糟情況做準備的狀態。像我這樣過度警戒的人，會把自己看作是隨時做好準備——準備就緒，可以迎戰可能會發生的不管什麼壞事，保護我們熱愛的一切。我們是英雄，準備好應對每一個可能發生的負面事件，絕不讓自己放鬆片刻。因爲一旦放下警戒，誰知道可能會發生什麼事情呢？

過度警戒讓身體和情緒很難放鬆。

舉個例子，我有脊椎側彎，這是爲了念完大學、長年在餐廳端盤子造成的。加上長年低頭看書、使用筆電，導致明顯後背隆起。這症狀其實叫做「寡婦背」（widow's hump）或「富貴包」（dowager's hump），但我覺得那是極其性別歧視的用語。

某次舒緩疼痛的按摩療程期間，治療師熟練地揉捏我的頸部和肩膀，同時以撫慰人心的語調反覆唸著：「放鬆，放鬆，放輕鬆。」

我試了，眞的努力嘗試了。

我盡力讓自己沉浸在她奶油般柔和的聲音和專業的按摩手法——但沒用。無論多麼努力，我就是不擅長放鬆。越是有人告訴我放鬆，我就越不可能找到傳說中彩虹與獨角獸的夢幻國度。過度警戒而無法放鬆的狀態，使你（有時候也包括我哦）無法活出有勇氣的人生，因爲它過度耗損我們的身心，榨乾我們的能量。

如果你曾經試過，邊開車去陌生的地點邊聽收音機，就會知道，一心二用有多難。誠如丹尼爾·康納曼（Daniel Kahneman）在《快思慢想》（*Thinking, Fast and Slow*）一書中說的：「你可以同時做幾件事，但前提是，這些事都很簡單、不費力。」我們能夠投注在任何特定任務的心智資源是有限的。

對於自己慣用的思維路徑，我們必須有點選擇性。我們的精力和注意力都是有限的資源。如果我們把所有的認知資源都花在爲假想中的殭屍末日做準備，那就幾乎沒有什麼氣力可以寫書了（這裡是在說我自己）。當你卡在過度警戒的循環中，就沒有多餘的「心智頻寬」可以承擔風險。就這麼簡單。如果你的想像力忙著幫你維持恐懼的狀態，那你就沒有多餘的能量去承擔能帶你走向渴望未來的正向風險。

> 像我這樣過度警戒的人，
> 會把自己看作是隨時做好準備——
> 準備就緒，
> 可以迎戰可能會發生的不管什麼壞事，
> 保護我們熱愛的一切。

越放鬆壓力越大

從洛杉磯飛往奧斯汀的飛機上，一名男子坐在我對面。時間是週一上午，為了這段三小時的飛航，他配備了充氣腳枕、脫掉襪子、戴上耳機——人生很美好。這傢伙顯然是放鬆入門學的高材生。我無法想像他剛度過了一個「越放鬆壓力越大」的週末。

雖然「越放鬆壓力越大」（stresslaxing）是相對新穎的詞彙，但它其實只是另外一種說法，意指放鬆引發的焦慮，這現象讓人在休息或休閒活動（例如按摩或冥想）期間感覺到壓力和煩惱。「越放鬆壓力越大」往往是由於頭腦過度活躍、無法抽離有壓力的想法和煩惱所致。當你企圖放鬆時，這些煩惱便如洪水般全面湧現，引發焦慮反應，尤其是如果你正在否認自己在整個人生中體驗到的壓力。

在當代社會中，焦慮的主因之一是，「忙碌」等同於地位的象徵。當你將個人身分與受苦和掙扎糾纏在一起（我是說我自己），那麼選擇照顧自己、乃至感覺美好，可能會被感知成極度危險。在一個越來越把「忙碌」等同於「重要」的世界中，幾乎

> 在當代社會中，
> 焦慮的主因之一是，
> 「忙碌」等同於地位的象徵。

沒有什麼閒暇時間可以讓別人覺得你理應得到更高的社會地位，認定我們爲自己保留的時間越少，就越多人仰慕我們。雖然這些可以建立社會地位，但是工作壓力卻與多種慢性健康問題有關，包括心血管疾病、消化問題、頭痛、情緒障礙。

然而，正是在我們試圖卸下壓力、放鬆的那些時刻，我們的大腦有時候卻會造反。

有問題的完美主義

你有多常發現自己這麼想：「假使結果不完美，那就不值得做。」

當你似乎無法欣然接受「完成勝過完美」的理念時，可能是「有問題的完美主義」在作祟。這個想法源自於根深柢固的信念：只要我們看起來完美、表現完美、選擇完美、活得完美，我們就會絕對安全。你只需要每次都正中紅心，就能保護自己，免於受苦，這樣你就能安全避開苛刻的評斷、責怪、被拒絕、失敗。

摯友蜜雪兒三十出頭歲時，與她母親凱西媽媽聊到懷小孩的完美時間。在這方面當然有不少智慧的凱西媽媽說：「永遠沒有完美的時間。」錯愕的蜜雪兒驚恐地回應道：「你是說，我永遠不應該有孩子嗎？」她媽媽笑著說：「不是啦，我的意思是，『時間永遠不會完美』。什麼理由不重要，但是如果你等待完美，你會一直在等待。」

當我們等到臻至完美的時候才與世界分享自己的作品或自己，我們一定會總是在等待。完美令人嚮往是因爲完美讓人覺得安全。並不是說它「確實」很安全，而是對我們的杏仁核來說，那樣的「感覺」足夠好。

問題是：完美究竟幫助還是阻礙我們成長？

有問題的完美主義往往是難纏的怪獸，僞裝成高標準或全力追求卓越、超標完成或一絲不苟。然而，它往往掩飾深層的恐懼，包括失敗的恐懼、被評斷的恐懼、有所不足的恐懼、被批判的恐懼乃至成功的恐懼。

當你不斷地追求完美，並不是因爲你想要成爲最優秀，而是因爲你害怕，如果你不完美，會發生什麼事。說眞的，就跟「無所畏懼」（見第二章〈無所畏懼只是假象〉）一樣，完美是神話，根本不存在。人生就是混亂、難以預測、毫無秩序。

我非常清楚這個概念。我從小就被教導要完美（而且總是失敗），但是身爲小孩，我當然不了解完美是不可能的。所

當你不斷地追求完美，
並不是因為你想要成為最優秀，
而是因為你害怕，
如果你不完美，會發生什麼事。

以，只要我的許多待辦清單之一出了差錯，我發現自己就會陷入滿是恐懼和羞愧的盤旋之中。我感到無價值，好像自己沒有任何貢獻，覺得自己顯然是個壞人，因爲又忘了關廚房的櫃子。

當我退一步，換個視角，其實很難理解，沒有超能力的人該如何完成現代人永無止境的待辦清單，無論他多麼努力。有時候，就是無法控制交通或櫥櫃（我發誓，它們自己會打開）。但是努力讓我感到安全，所以我不斷嘗試，儘管那樣的嘗試反而使我更害怕。或者說，那是害怕失敗、害怕有所不足。然後假使事情眞的出錯了，我就把它看作是因爲自己不夠優秀。於是，循環再度開始。

若要邁向「完成勝過完美」的生活方式，第一步是體認到並接受：你有完美主義傾向是絕對可以接受的，而且那些傾向只是你自然而然的恐懼反應之一。你可能習慣將完美主義的訊息內化成你的本性的一部分，但那並不是你必須永遠保持的部分。錯誤是成長的機會，並不反映你的價値。

假使你正爲有問題的完美主義所苦，那麼你是否願意嘗試慢慢放下那份掌控感呢？或許你可以在寄給團隊的電子郵件中，保留所有多餘的驚嘆號，或是乾脆放著沒整理的床不管。抑或是，對正在康復的完美主義者來說，不妨挑戰自己整天穿著不成對的襪子。

有問題的完美主義

在人生的哪些領域，你發現自己會對每一個小細節過度執著呢？又在人生的哪些方面，你奉行「完成勝過完美」呢？

以下情況，有哪一項與你共鳴共振？

- **害怕失敗**：你非常害怕失敗，於是爲自己設下不可能達成的高標準。你寧可根本不嘗試，也不願嘗試後失敗。
- **害怕被評斷**：你害怕別人對你有什麼想法或評語，因此你力求完美，以此避免任何潛在的批評。
- **害怕不確定性**：你渴望盡可能掌控一切。你害怕結果不如預期，所以努力在你可操控的範圍內，讓每一個變數都完美。

能否描述一下，你是否曾經過度執著於把每件事情做對，因而錯過了截止日期，或是乾脆放棄整個計畫？

你是否發現，自己會因爲害怕不「完美」而逃避挑戰？
你是否對自己過於苛求？是否會因爲一點小錯就痛責自己？

要知道，你不必讓自己筋疲力竭，才能被愛，才算夠好。

害怕失敗（或成功）

害怕失敗是極其常見的現象。這種情況發生在你太害怕犯錯或承擔風險，於是陷入癱瘓，完全無法行動。此外，如果人們過去在某事上體驗過失敗且因此而受創，也可能會產生害怕失敗的恐懼感。

在追求夢想或實現目標時，害怕失敗尤其造成負面的影響。面對挑戰時，與其體驗可能伴隨失敗而來的失望，不如一開始就放棄，感覺上更容易些。另一方面，許多人也飽受害怕成功之苦，因爲一旦達成目標，隨之而來的可能是超出你想要或能夠承擔的責任。這點在已經達到某種成功程度的人們身上尤其適用，他們如今感到壓力重重，必須維持原本的表現水準或保持領先。

在一項針對學生們害怕失敗及其相關不適感的研究中，研究人員暨《大學恐懼因子》（*The College Fear Factor*）一書的作者芮貝嘉．考克斯（Rebecca Cox）發現，面對「害怕失敗」，而不是「實際的失敗」時，學生們通常會出現以下四種反應：

一、他們會稍微逃避心中對所修課程不及格的恐懼，拖延到最後一刻才繳交課程作業；

二、他們會完全逃避心中的恐懼，忽略所有修課內容與作業；

三、他們會放棄這門課或降低這門課的參與度，讓這事（以及心中的恐懼）感覺上比較容易駕馭；或是——

四、他們會重新架構心中對失敗的恐懼，將其視爲動力，而非阻礙。

我個人自然而然地選擇選項一至三，但研究卻顯示，選擇選項四的學生比較不焦慮，也比較成功。

由於害怕失敗可能會出現在各種情境中，因此很難釐清爲什麼會有這樣的感覺。你的成長背景之類的變因，可能使你比較容易害怕失敗，如果對你的童年造成重大影響的那些人（包括父母和老師）總是批判挑剔、不支持協助、對你抱有不切實際的期待。之前的創傷事件也會影響你惶恐未來可能會失敗。舉例來說，如果上一次重要演講期間，你在台上突然不舒服，那麼你可能會害怕同樣的事情再度發生。

當然，對每一個人來說，失敗的樣子都不一樣。

經常害怕失敗可能會使你不敢嘗試新事物，也無法善用機會。此外，逃避（見第一八三頁）也時常伴隨著害怕失敗，於是你拒絕學習新事物、認識新朋友，或拒絕參與投入。害怕失敗也可能會影響你對自己的看法，往往導致你捲入負面的自我對話，影響你的自尊與自信。結果，你可能會自我破壞，做出阻礙自己朝目標邁進的行爲。

就像那些把恐懼轉化成動力的學生一樣，要設法在心中重新架構「失敗」是什麼。你是否對自己期待過高？或者，你只是以一種無益的方式看待失敗？下次發現自己陷入對失敗的恐懼時，不妨嘗試將想像中最糟的情節重新定義成一次契機或實驗，而不是障礙。主動地重新架構潛在的失敗，可以削弱它對你的影響力，幫助你管理恐懼，並激勵你朝目標前進。

下次發現自己陷入對失敗的恐懼時，
不妨嘗試將想像中最糟的情節
重新定義成一次契機或實驗，
而不是障礙。

冒牌者症候群

你是否曾經爲某事十分努力，卻仍舊覺得自己像個騙子？或許你達成了了不起的成就，然而卻感覺好像不過是運氣好或時機對罷了。假使情況如此，你並不孤單。

冒牌者症候群是指，那些人成就斐然，卻傾向於貶低自己的成就，將成就歸功於外在因素，例如，人脈、個人魅力，或是剛好在對的時間出現在對的地方。根據二〇一一年的一項研究，七〇%的一般大眾表示，自己有過冒牌者症候群的困擾。儘管這類人的成功不可否認，但是與這類症候群搏鬥的人們還是經常感覺自己像個冒牌者，他們懷疑自己的能力，擔心某天會被人揭穿是騙子。這種心態不僅挑戰你的自我感知，而且妨礙你，使你無法全然擁抱或慶祝自己的成就。

我的冒牌者症候群旅程，從我決定要上大學的那一刻開始。

那是七年級升八年級的暑假，我覺得可以利用暑假在藍莓農場工作，賺點兒零用錢。採藍莓是按照每裝滿一桶藍莓來計酬，而以我當時小孩子的心思認爲，藍莓那麼小，一定很容易。

結果，我只撐了一天。

我可以鮮明地憶起，在正午的烈日底下汗流浹背，低頭看著自己採到的藍莓少得可憐。我雙手滿布刮傷，足以證明我很努力，可是當天裝滿藍莓桶數所得到的酬勞卻連買午餐都不夠。

海倫媽媽並不覺得我十二歲就想去採藍莓有什麼奇怪，因爲我們家就是典型的藍領階級。我出生時，媽媽還是個青少女，因此我一出生就被外婆收養。外婆撫養了另外四個孩子，他們都沒有念完高中，因此也不準備讓我念大學。事實上，我的家庭從來沒有人嘗試過追求高等教育。我們是卡車司機和工廠作業員組成的家庭，於是我的一部分認爲，事情本來就是這樣。

但是就在那顆炙熱的太陽底下，當我親身體驗到家人選擇的那條路是多麼辛苦且消耗體力時，我知道我想要不一樣的東西，想要更大的事物。

快轉到上大學的第一天，我被眞正大學校園的景象和聲音迷住了，也因爲當了眞正的大學生而興奮不已，以至於沒有注意到那條近兩公尺的施工坑……直到我跌了進去。就像從青春校園喜劇電影裡剪下來的橋段，我滿身泥土，必須靠幾位剛認識的新同學拉上來。雖然那是我在大學裡掉進的第一個坑，但卻不是最後一個。未來的坑洞是比較隱喩式的那種，總是感覺自己像個冒牌者，根本不配待在那裡。

雖然當時我還沒有這些詞彙來描述自己的感受，但我試圖以完美主義和成爲全場最賣力的人來降低那種冒牌者的懼怕感，哪怕付出身心健康的代價也無所謂。我陷入了似乎無止境的循環中，只要被交付一項專案或任務，我就會擔憂、自我懷疑、焦慮充斥，而我應對這些的方法，不是過度準備，就是拖延到底。

另一方面，如果我得到正向的反饋，我會忽略、推開或不予理會。一部分的我感到罪疚，我在有空調的實驗室工作，而我的家人們卻在酷熱、艱苦的環境中勞動。我以爲，只要我工作的時間夠長、夠努力，別人就會開始覺得我夠好，然後我就可以開始覺得自己夠好。我以爲，我可以甩掉自己的憂慮，但是，唉，我們永遠無法甩掉自己啊！

直到那一刻，我做了今生最尷尬的事情之一，我的冒牌者症候群終於撥雲見日。在美國國家航空暨太空總署位於莫菲特菲爾德（Moffett Field）的艾姆斯研究中心（Ames Research Center）工作是我夢寐以求的職位，上班第一天，我整個早上都陷在「我不屬於這裡」、「我不夠好」的思緒中（儘管我明明已經被NASA錄取了），結果，我撞上了我的新上司的車。

沒錯，在NASA上班第一天，我就撞了新上司的車（尷尬啊）！

我把音樂放得好大聲，希望淹沒心中不夠格的恐懼。結果，在停車場倒車時，一不小心撞了上司的車。更糟的是，我滿腦子都在想自己不配進NASA，反覆檢討著自己當天哪些地方做錯了，完全沒有意識到那件事。畫面被監視器拍了下來，高層還親自聯絡我，解決這起肇逃事件。就在我上班的第一天。

我羞愧難當，而且知道，某些事必須改變。我必須改變了。

當然，並沒有「砰！」的那一瞬間讓我從此不再感覺自己像個冒牌者。但那絕對是我人生中的一個轉捩點：要麼我繼續沉溺在「自己的歸屬在哪兒」的感知中，要麼找到方法，面對內心喋喋不休的惡魔聲音，讓我可以活出自己想要的人生。

如何避免道別？

那是個平靜的週二夜晚。一如往常，幫海倫媽媽慢慢地走完那條短短的走廊又折返回來，然後我回房休息，當時晚上七點，我已筋疲力竭。我很快就學到了，照顧年邁的父母就像照顧嬰兒一樣：他們睡覺的時候，你也要趁機睡。回想那時，我的人生是一場生存遊戲。

那一夜，我被母親的尖叫聲驚醒：「瑪莉！瑪莉！」

我叫別人起床從來不溫柔。而我自己是那種只要一點聲音或光線，就會立即睜開眼睛的人。我曾經多次夢見媽媽尖聲呼喚我的名字，那些夢境出現的次數，可能多到堪比她在夜裡實際這樣叫喚我的次數。所以我花了點時間，才把自己拉回現實。

不幸的是，這次的尖叫不是夢——就從走廊對面傳來。我從床上滾下來，腦袋還跟不上腳步。這不是我第一次被這樣喚醒了。

跟往常一樣，我打電話給值班醫生，然後醫生叫了救護車。醫護人員衝進我家狹小的客廳，在海倫媽媽的粉紅色棉質睡衣襯著推床飄動的瞬間，把她推了出去。

急診室醫生請我坐下，然後清了清喉嚨，就好像人們即將說出會改變你一生的話那樣：「我認爲你做決定的時候到了。這個決定……」他欲言又止，「決定我們應該繼續進行任何激進的急救措施，還是應該讓她好好安息。」

所有又一次在夜半趕赴急診室而產生的怒氣與煩躁，在那一刻全都消散了，我開始提出我知道要詢問的每一個問題，直到醫師最終說道：「當然，選擇的人是你。但是我認爲，讓她走是比較仁慈的抉擇。」

在那一刻，我已經無法組織更多的話語，只能點頭同意，對此，他答道：「我只需要你在這裡簽個名。」

「等一下，什麼？這一夜快結束了，而我需要像刷卡簽名一樣簽下我母親的死亡證明嗎？」

超越恐懼練習 8

冒牌者症候群

冒牌者症候群的主要徵兆：

你是否害怕被揭穿自己其實不配得？
你是否發現自己總是在道歉，即使錯不在你？
你是否認爲他人過度看重你的成就？
你是否擔心自己的眞正不足會被別人發現？
當你體驗到成功時，你會不會覺得只是運氣好，或是把功勞推給別人？
你是否認爲，別人對你有多成功的看法，其實誇大了事實？

事後回想，我了解這類簽名的法律必要性，但說句公道話，當時是凌晨三點鐘，我幾乎沒怎麼睡，卻在那時被要求簽下放棄一個人生命的同意書。而且那人不是隨便哪一個人，她是我今生唯一叫過「媽媽」的人。

或許我沉默不語的時間久了些，因爲醫生再次清了清喉嚨。我強忍住衝動，不說事後可能會後悔的話。我沒有以咄咄逼人和憤怒來掩飾心中的恐懼，而是從他手中接過那支價值三十美分的藍筆，簽下了一式三份讓海倫媽媽離開的文件。

我點頭向工作人員道謝，蹣跚地走出空蕩蕩的候診室，走進黎明前的清晨。我坐在我的馬自達3前座，緊握方向盤，痛哭著，直到太陽升到奈爾斯峽谷（Niles Canyon）上方。我知道那是正確的決定。母親病得太重，幾週來幾乎無法行走或進食。她沒有復元的希望了，因此我做了這個痛苦的決定，讓她離開，而且多年來背負著一切都是「我的錯」、是我「做得不夠多」、是我「有所不足」的責任，同時也學習、放下、創造了我要在此與你分享的「神經再造工程」。

失去她以及她最終離世的悲傷浪潮感覺很自然。當時感到羞愧的是，我感覺到令人不知所措的平靜與自由感。過去兩年來，我孤身一人照顧她，從住院到開刀，到全天候給藥與傷口照護，同時還要假裝一切都好，帶著笑容給學生講課，如此才能撐起母女倆的經濟。而如今，一切都結束了。我的整個世界即將改變，而我可以看見那座牢籠的欄杆開始出現裂痕。

急診室裡漫長的一夜，變成了短短三天的等待，讓一切順其自然。摯友蜜雪兒和她剛出生的女兒瑪蒂陪我守夜，而我嘰哩呱啦地說個不停，同時收拾整理，用高樂氏濕紙巾和葡萄酒洗掉我的焦慮。只要雙手忙碌，我就不必思考走廊盡頭正在發生的事在情感上意謂著什麼，不必思考我做的決定有什麼情感層面的意義。只要我有在做正事，就不必感受憤怒或心痛或悲傷。

只要我很忙，就不必說再見。

然後那一刻來了。我走近海倫媽媽的床邊，感覺好像有一場大雷雨即將襲來，心裡知道，這會是此生一定會反覆回想的記憶。淚水沿著臉頰滑落，她和我靜靜地坐著，手牽著手，直到她終於放手，吐出最後一口低沉而深長的氣息。我眼眶泛淚，最後一次輕撫她柔軟的肌膚並道別，然後可以回到廚房，清理掉我的心痛、悲傷以及對未來的恐懼。

逃避：我們如何讓自己的恐懼牢籠更堅固

逃避是一種策略，許多人用它來拖延讓自己感到害怕的行動或任務。

對我來說，逃避顯化成近乎偏執的房屋大掃除。舉例來說，在我撰寫談論恐懼與勇氣的博士論文期間，我的屋子閃閃發亮。要交幾個章節給我的指導教授嗎？哎呀，看來我家廚房的櫃子需要澈澈底底地擦一擦。Word又把我的格式搞亂了嗎？看來烤箱內部又需要重新清理一遍了。

打掃讓我感覺自己掌控一切，好像自己是足夠的。一週內第五次吸地板，讓我感覺自己有用，也讓我擺脫對失敗的恐懼。我會先擦掉浴室鏡子上的水漬，再面對那個即將逼近的截止日期或撥打那通重要的電話。或是說服自己我沒在拖延，因爲事情遲早都得做，現在做完了，我眞的可以專注了。

打掃是我的有氧運動。

但事實是，打掃了兩個小時後，我筋疲力竭，只想半躺著，讀一本主角是會說話的魔法貓的青少年小說。當我們以做其他事情來逃避面對心中害怕的事情時，我們告訴自己，其實有在採取行動啊，這讓我們的杏仁核冷靜下來，使我們感到安全。而「覺得安全」感覺很讚。但是，唉，正如我最愛的冰箱磁鐵上寫的那句話：「你想要的東西，就在恐懼的另一端。」

我可以寫一整本書，談論今生如何逃避不適感——而我敢打賭，你也可以做到。打掃並不是我唯一採用的逃避技巧。我媽過世之後，我發現很難處理那些龐大的情緒，所以我逃離了這個國家。我把所有東西都送人，只留下能塞進兩只行李箱和一只九十公分乘九十公分的儲物櫃裡的東西，然後從舊金山灣區搬到倫敦，一座我誰也不認識的城市。

留在加州（我成長的地方）感覺很危險，不是因爲身體上的危險，而是因爲過去的所有幽靈都在那裡。那七個街區是我高中轉學生時期繞來繞去的地方，爲的是逃避一個人在自助餐廳裡吃飯。那家澳美客牛排館是我（現在的）前夫大學時期打工的地方，當年我會在他下班後和他碰面，一起在那裡喝杯瑪格麗特。而在那間急診室裡，我不得不簽下同意書，讓我媽離開這個世界，走向下一階段。這一切，太沉重了。

逃到一個全新的國家、全新的城市，沒有記憶，感覺異常安全，又充滿行動感——這兩樣可是我的杏仁核最愛的東西啊！處理一長串繁瑣的事務，意謂著可以讓我逃避面對心中的情緒風暴。

TMI技法：觸發、腦內雜音、改善

這個神經再造工程的建立，是針對幾個經典認知行為治療（CBT, Cognitive Behavioral Therapy）技巧進行更新與重新整理，包括ABC模型，以及「察覺、挑戰、釋放」（Catch, Challenge, Release）。

為了幫助你更深入理解、強化你的前扣帶皮質（ACC，腦中的「調解者」）、建立可執行的改善步驟，下一次你察覺自己處在壓力情境中的時候，就可以按照下述步驟執行。面對恐懼時，前扣帶皮質協助調節情緒反應，也在處理及永久儲存驚悚記憶方面扮演關鍵角色。前扣帶皮質相當獨特，因為它在生理上同時連結到負責「認知」的前額葉皮質以及負責「情緒」的杏仁核。

最好將下述步驟記錄下來，但是即使只在腦中依照步驟操作，也同樣有價值。

步驟一：觸發因子（Trigger）

描述一下觸發了你的恐懼反應的啟動事件。

步驟二：腦內雜音（Mind Chatter）

在那個時刻，詳細記錄你在體驗到特定的觸發因子時的想法、感受或行為。你的記錄不需要完美，只要寫下你當時對自己說的話、當時在想什麼、當時的反應，或當時你注意到的事，舉例來說，你正在重複某個長久以來秉持的信念，例如：「我不擅長……」或「我總是……」

步驟三：改善（Improve）

不用想太多，直接寫下一件你現在就可以改善的事，那麼做可以減輕觸發因子本身或隨之而來的腦內雜音。

搬到倫敦是我的靈魂亟需的撫慰藥膏，但它並沒有解決潛藏的任何課題，直到某個雨夜，我在南肯辛頓（South Kensington）的一家鋼琴酒吧裡愛上某個男子之後，那些課題才慢慢浮現——然後一年後，我又搬到洛杉磯，為的是結束克雷格與我橫跨兩洲的來回奔波。

雖然我們在一起很快樂，但是住在同一個屋簷下卻感覺好像把自己鎖進了新的牢籠。同一座城市？很好。但同一間屋子？免談，謝謝了。事實上，我拒絕為我在洛杉磯的新平房購買任何笨重的家具。這間房子從前是電影傳奇珍．哈露（Jean Harlow，譯注：一九一一至一九三七年，活躍於一九三〇年代的美國女演員）家的僕人宿舍之一，空間小巧，幾乎不需要布置太多的家具。除了床和沙發，我只買了可以快速折疊然後壓平收起的家具，因為能夠立刻收拾好離開，讓我感到安全，可以掌控一切。

作為數位遊牧族，靠著一只行李箱工作與生活，給了我自由，那是我在因母親生病而受困且我成為唯一照顧者之後所極度渴望的。從倫敦、巴黎或雪梨遠距工作，曾是支撐我度過在醫院候診室裡用筆電工作數小時的夢想。那時候，我開始看清，「依附」很危險。永久承諾於任何東西，即使只是一件家具，都是我不計代價要避開的事。「隨時可拋」意謂著：如果哪天必須離開它，我也不會太失望。無論是家具、人或地方，我可以避開往往伴隨承諾於自己之外的某樣東西所帶來的痛苦。或者說，我以為我辦得到。

我對承諾的恐懼（也是對眞實連結的恐懼）強烈到我會逃避但凡可能被視爲向下扎根的事物。

我們在試圖釐清人生最艱難的部分時，這類逃避正是容易掉入的眾多「心智陷阱」之一。

不要拿「應該」逼死自己

我們的大腦熱愛分類，這是我們的本能。這往往意謂著，我們會把層次豐富的理念或複雜的經驗，硬塞進非黑即白的框架中。舉例來說，我最常用來自嘲的是：我是帶衰的生物學家，因爲一棵植物也養不活，尤其是在我自己家裡。我一直對自己說的故事是：「我不是會養植物的人。」

這一切在某個春季週六的早晨改變了，當時，摯友之一，很有園藝天賦的植物狂熱分子史蒂芬妮，在早得離譜的時間傳簡訊給我，問我要不要陪她去洛杉磯的亨廷頓花園（Huntington Gardens）參加一場會員限定的植物特賣會。我挑了挑眉，不解什麼是會員限定的植物特賣會？史蒂芬妮保證會很好玩，於是我們出發了。但我明確地告訴她，我不會買任何東西，因爲我是不折不扣的植物殺手。

在那座花園，我們悠閒地欣賞著待售的綠植，那些植物全都由志工們細心照料，他們滔滔不絕地談論這些含葉綠素的孩子們，有些人還拿出植物剛發芽的照片給大家看。然後史蒂芬妮轉過頭來對我說：「挑一盆植物吧——你要帶一盆回家，我買單。」

「根本是虐待植物吧，」我抗議道，「我總是把植物養死——從來沒有養活過。我絕對不應該當植物媽媽。」

她露出了一臉不容反駁的表情，說道：「不要拿『應該』逼死自己了。」

所謂的「應該」陳述句意指，一個人相信自己應該或不應該符合的一套條件或選項。其他版本的「應該」陳述句包括「必須」或「應當」。當我們不符合設定的條件時，這些想法往往帶來罪疚感。此外，假使我們把「應該」陳述句套用在他人身上，又往往感覺到憤怒和怨懟。當我們把自己鎖進無止境的「應該」和「必須」清單中，只會變得害怕行動、探索，尤其不敢承擔風險。

我大笑一聲，然後停頓了一下，細細咀嚼史蒂芬妮的話，這時她問我：「你現在可以做什麼，才能改變你腦袋裡的故事呢？」

我沉默了片刻，有點彆扭地說：「嗯……我挺會養動物的，還會給我的每一隻寵物取名字，所以……也許……我可以幫這盆植物取個名字？」

自動化思考

「自動化思考」（automatic thinking）是指，回應觸發因子時，頭腦中自然浮現的畫面或念頭。這些念頭或畫面是瞬間產生的，不是我們刻意想出來的，它們源自於我們對自己和周遭世界的信念和想法，也往往建立在我們已經養成的習慣與之前習得的資訊上。這個自動化思考可以影響我們的心境、情緒、行爲。

常見的負面自動化思考，包括「我一無是處」、「我很失敗」、「我沒用」、「大家都討厭我」之類的陳述句。

如此檢視你的想法，讓你可以斷定哪些反應可能更貼切、更具彈性或更正向。由此，你可以建立正向的肯定語，藉此針對提升勇氣下工夫，以便在體驗到負面自動化思考時發揮作用。一個管理自動化思考的有效練習是：寫出你的想法、感受、反應。質疑你的自動化思考的準確性，以及練習正向的口號，可以訓練你的大腦建立更貼切的思考方式。

當你逮到自己陷入負面的自動化思考時，務必暫停一下，反問自己：

- 哪些具體的細節或證據可以證明這個想法是正確的？
- 有沒有其他解釋或另一種看待這個情境的方法？
- 我的朋友或摯愛有這樣的想法，我會對他們說什麼呢？
- 有什麼正向的說法可以取代這個負面的自動化思考呢？你能否精心設計諸如此類的替代語句：「我是被重視的，我是被愛的」、「我是戰士」、「我已經夠好了」，或「我寧可當少數人眼中的一小杯烈酒，也不願當人人都能接受的一杯茶。」

「太完美了！」她大叫，還用力拍了拍手，「走吧，我們去找你的新植物寶寶。」

我們慢慢地在花園裡逛，我心裡嘀咕著：「到底要怎麼替該死的植物取名字啊？」念頭才剛閃過，我一轉彎，就看見一棵超級可愛的桃粉色迷你玫瑰樹，黑色花盆上用金色奇異筆寫著它的名字——小可愛。不管未來是好是壞，我還是把小可愛放上了我們的平台推車，推著它走向它全新的生活，或悲慘的凋亡。

開車回家的路上，小可愛的葉子在史蒂芬妮打開的敞篷車後座隨風飄揚，而我更深入地探究，挑戰心中長年秉持的心智陷阱有什麼好處。並不是我夢想成爲園藝高手，但是當我們練習重寫一段認知扭曲時，就會更善於重寫其他的認知扭曲。

若要重新訓練自己的大腦，最有效的方法是：多元的學習歷程，分散在時間中逐步展開。

現在距離我把小可愛帶回家已經兩年了，而我很開心地說：它還活著！就像植物可以撐過風雨和四季更迭，我們也可以成長、改變、盛開。

專注於負面，忽略正面

最近一次到巴拿馬旅行，我一腳踩進了幾乎跟我的腳一樣大小的坑洞裡，結果兩根腳趾骨折，被診斷爲三級扭傷。這次體驗其實就跟我的完美主義性格如出一轍，因爲三級是最嚴重的扭傷等級，除非你願意在各方面都追求「最高分」，否則不可能是眞正的完美主義者。

我和克雷格搭乘雙體帆船出海，來到這座只有一條東西向和一條南北向道路的小島，受傷事件就發生在那之後。島上的村莊只有幾間茅草蓋頂的商店，既沒有碼頭，也沒有港口，所以我們游了大約兩個足球場的距離才上岸。我們在村裡四處看看，然後開始往回走。我被沿途令人屏息的美景迷得分了心，沒有注意到路上那個坑洞，於是整隻腳踩了進去。

那一扭加上一聲清脆的「喀啦」，我知道情況不妙。我氣炸了，氣自己氣到不行，居然因爲貪看如詩如畫的熱帶海景，犯了嚴重的錯誤！我的意思是，顯然只有穴居人才會做那樣的事。

一路走回海灘的路上，我狠狠斥責自己，靠著單腳游回雙體帆船時，更是一邊喘氣一邊咒罵。整趟回家的行程以及事後幾個月，那次受傷都讓整趟旅程變得糟糕透頂，甚至讓我發誓，再也不要回到巴拿馬。

我一跌倒，就整個人執著在那短短一瞬間的不幸，然後把瞬間的痛苦套用到整趟旅程。我甚至開始回想，那整個星期是不是還有其他「負面」時刻，以此合理化心中的憤怒，以及強化爲什麼都是巴拿馬的錯。

雙重標準

雙重標準是指：你要求自己爲你做夢也想不到要別人負責的事情負責。舉例來說：如果是克雷格在巴拿馬掉進了那個坑洞，我絕不會認爲他哪裡失敗。我只會把那事看作是不幸的意外，然後繼續前進。然而，因爲是我，我卻爲自己設定了難以達成的完美標準，甚至把那場意外內化成自己失敗了。顯然，我認爲自己不夠好，才會沒閃開那個坑洞，才會受傷。

掙脫心智陷阱的牢籠

我們最激烈的戰役，往往發生在自己心中。

大致說來，本章所探討的認知扭曲，是導致我們誤解現實的思考模式。它們是習慣性的思考方式，時常不準確、帶有負面偏見，而且不代表一個人的聰明才智或教育程度。

認出這些扭曲，對於挑戰和改變有害的思維模式至關重要，也帶來更勇敢、更充實的人生。此外，這些扭曲可能很難察覺，因為它們往往深深根植在我們的思維過程中。但是有了知識、覺知、練習，就可以認清它們並加以修正。

察覺受到恐懼影響的思考模式，並了解其根本原因，我們就可以開始搭建橋梁，離開使我們困陷其中的恐懼牢籠。關鍵在於：了解是什麼牽絆著我們。一旦我們釐清那個部分，就可以著手制定應對的策略（提示：請繼續讀下去）。

好消息是：你不必永遠卡在恐懼中。由於選擇更深入地探究，你掌握著自己的人生故事。你正在選擇勇敢，而不是安逸，選擇成長，而不是恐懼。加油，你行的！

察覺受到恐懼影響的思考模式，
並了解其根本原因，
我們就可以開始搭建橋梁，
離開使我們困陷其中的恐懼牢籠。

【第三部】

勇氣的鑰匙

第8章

運用RAIN方法讓自己自由

很難放下恐懼，但我願意嘗試。

——《凡人之言》（*The Mortal Word*），珍娜薇芙．考格曼（Genevieve Cogman）

我的超能力之一就是建立連結，將表面上看似毫不相干但實際上可以被組合成全新乃至革命性的事物，連結起來。

「神經再造工程」結合了神經生物學與心理學的原理，幫助你在充滿挑戰的情境中培養韌性與實力。這麼做的過程中，你可以在思考、感受、行為方式上產生持久的改變。神經再造工程也能幫助你更好地掌控自己的情緒，讓你得以更順利地穿越恐懼的各種表現方式，在這個過程中鍛鍊出更強大的勇氣肌肉。

我是在初次研究恐懼和勇氣時，發展出「神經再造工程」這個概念的。當時，我根本找不到一套包含所需工具的實用方法，能夠更順利地應對日常生活中再正常不過的不安、神經緊張或不祥預感。再者，我的許多神經再造工程技巧和工具，其實都深藏在學術期刊文章中，那些內容讀來枯燥乏味，還因為出版商設下了高額的付費門檻，往往讓非研發人員根本無法取得（有趣的是：學術研究人員撰寫研究報告並在科學期刊上發表文章，完全拿不到任何報酬）。

我創立了RAIN方法——代表「體認」（Recognize）、「指派」（Assign）、「識別」（Identify）、「導航」（Navigate）——因為我希望擁有一套完全平易近人、容易記憶（且方便使用）的架構，以此面對日常的恐懼。這個方法融合了多種應對技巧，而且可以依照每一個人獨特的大腦進行客製化。

RAIN方法的基礎，來自於我本人以及其他學者已發表的研究成果，我設計這套綜合性流程，是奠基於經得起考驗的理論基礎，以之對抗讓人身心癱瘓的恐懼感，同時強化我們的勇氣肌肉。就像本書中分享的所有神經再造工程技巧一樣，RAIN方法不會傷害你，而且執行起來完全免費，因此不妨玩玩看、實驗一下、嘗試一番，看看是否適合你。

我在一九九〇年代中期讀高中的時候，認識了這些神奇的黃黑色小冊子，叫做《克里夫筆記》（*CliffsNotes*，譯注：正確拼法應該是CliffNotes，指的是美國學生學習用的學習導覽手冊。這個名詞來自於一位在書店工作的Clifton，他把一些文學名著，例如莎士比亞，製作成學習重點筆記，因此演變成CliffNotes，但經常被誤拼成CliffsNotes）。那時大家都是低聲傳遞這些小冊子，因爲，說穿了，有幾百萬人早在我之前就發現了，這些小冊子根本是當年所有必讀經典的「作弊密技」。因爲當時網際網路還沒有成形，《克里夫筆記》就是幫助我們完成「無聊」閱讀任務的超讚捷徑。

從我現在身爲學者兼教師的視角回顧，我可以看見，因爲使用《克里夫筆記》，我讓自己錯過了完整體驗這些重要作品的機會。但是這些「作弊密技」幫助我撐過了大量艱澀難懂的文章，讓我比較能夠掌握整體的脈絡和概念。

也就是說，神經再造工程就像《克里夫筆記》。它們的本意不是要解決每一個問題，也不是要讓你獲得完整、詳細、逐字逐句的體驗。它們是捷徑，讓你可以更快速、承受更少痛苦地穿越恐懼。我發現，當我能夠快速地突破被卡住、僵住或想要逃離的感覺時，我就有了自信和能量，可以完成我一直夢想的事。這包括：大膽地在薩爾瓦多與一位試圖敲詐額外「費用」的海關人員據理力爭，或者即使經歷了一整季的挑戰，勇氣肌肉筋疲力竭，卻仍然相信自己，知道可以重新鍛鍊，讓勇氣肌肉比以前更強健。

神經再造工程幫助我感到自信，相信自己能夠在當下應對令人苦惱的感覺，也相信自己有一套工具可用、可擴充，可打造洋溢著自由、連結、冒險的未來。

RAIN方法的四個步驟

RAIN方法（體認、指派、識別、導航）有系統地規劃了四步驟流程，用來改變你對日常恐懼的感知和體驗。

以下是RAIN的運作方式：

一、**體認**：在步驟一，在進入恐懼喚起的狀態時，要花點時間承認並說出你體驗到的身體面向。對我而言，我的情緒破綻是聳肩、口乾（在台上發言時經常喝水）、心跳明顯變快。我之所以說「明顯」，因爲雖然恐懼喚起反應幾乎總是伴隨心跳加快，但並不是每一個人都會主動覺知到這個轉變。你的情緒破綻可能是咬緊牙關、呼吸急促或手心冒汗。

二、**指派**：一旦你確認了自己處於恐懼喚起的狀態，就可以指派一個名稱給因特定觸發因子而出現的情緒。針對這點，「恐懼之輪」（見第二〇三頁）可以是絕妙的工具。然後要允許那個情緒存在，不做負面評斷。

舉例來說，我花了好幾十年，才有辦法安然地待在不知所措的感覺中，不把羞愧拉進來湊熱鬧。我的伴侶克雷格，可能甚至會準備一份長達三十二頁的簡報來爭辯說，正是撰寫這本書才眞正讓我懂得在感到不知所措的同時，依然感覺到有力量。在逼迫自己去做陌生的事物、讓自己感到脆弱的事情時，我往往感覺不知所措。但那也是値得且重要的東西，即使很難。藉由在當下選擇一個詞彙來標記我們的情緒體驗，我們可以爲當下的體驗帶來一些合乎邏輯的視角，而不是毫無頭緒地被情緒牽著走。

三、**識別**：若要更深入地探究你的恐懼，不妨反問自己這類問題：「這種身體感受從哪裡來？」以及「我對這個感覺有什麼想法或信念？」這些問題幫助你把恐懼歸類成兩種基本類型之一：有所不足的恐懼，或失去掌控的恐懼。我們可以探究並分類心中恐懼想法與感覺的根源，藉此阻斷伴隨高度恐懼喚起狀態而來的不適感。

四、**導航**：最後，等你已經體認到了、指派了、識別了你的恐懼，就到了將你最愛的神經再造工程付諸行動的時候了。

恐懼一開始可以分成兩大類：真實的恐懼與虛構的恐懼。真實的恐懼是指在當下，身體真實受到威脅，針對你的生存或你在乎的人。虛構的恐懼，則是我們對令我們「壓力」爆表的其他每一件事所產生的反應。

3 識別

我們大部分的壓力其實是恐懼，而且大致上可以歸類成兩種常見的類型。在當下，反問自己：你正在回應的是哪一種恐懼呢？

有所不足的恐懼 或 **失去掌控的恐懼**

4 導航

這個步驟可以是你最愛的任何工具或技巧，例如「箱式呼吸」。

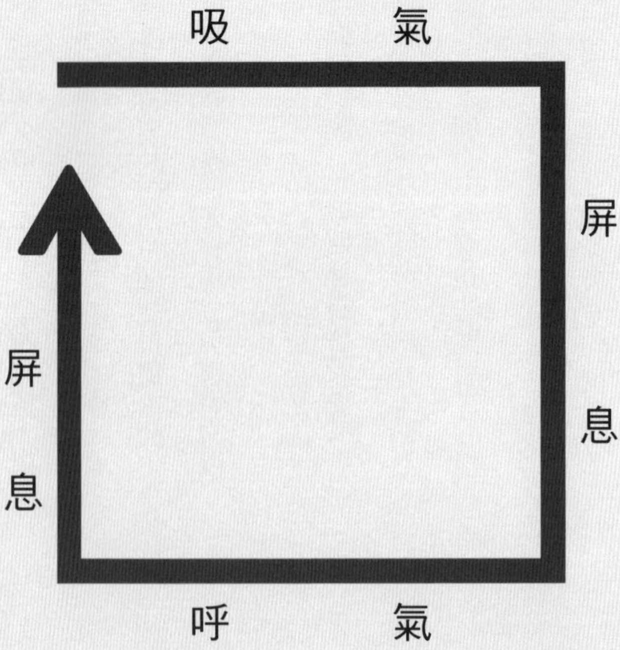

中和虛構恐懼的四個步驟

1

體認

2

指派

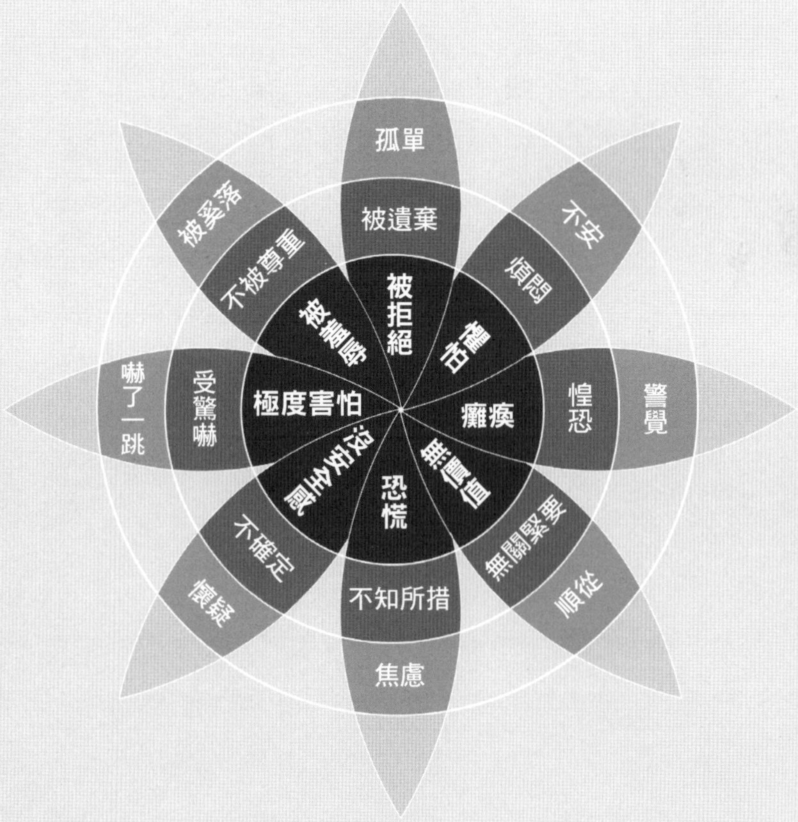

RAIN方法的四個步驟（體認、指派、識別、導航），本意是：每當你感應到自己出現恐懼反應時，可以依照順序執行。RAIN方法的前三個步驟著重在：留神觀察、明確表達、分類你的身體（生理反應）和情緒體驗，最後一個步驟則強調運用神經再造工程穿越不適感。

步驟一：體認（「感受」階段）

你的身體是情緒的有力指標，即使是那些你可能無法坦然承認的情緒。RAIN方法的第一步是，盡可能覺知到你的恐懼感，好讓你可以在杏仁核將你推入漩渦之前，先著手處理那些恐懼感。這個自我反思的小舉動，可以幫助你與不舒服的身體感受拉出關鍵的距離，因爲它自動地開啓你的「思考腦」。

幾個比較常見的恐懼喚起生理反應包括：心跳加快、口乾、思緒模糊、呼吸加快、手心冒汗、消化不良。但是你的特定身體反應可能會不一樣。在我面對源自於恐懼的輕微苦惱時，往往會聳肩、咬緊牙關；如果情況升級到中度，我會開始口乾。當我注意到這些「情緒破綻」時，我就知道，該要好奇一下，是什麼在觸發我的恐懼反應了。

以下這些，哪個是你的「情緒破綻」呢？

- 噁心／消化不良，有時候被形容成「胃裡有蝴蝶在飛」
- 出汗和／或發冷
- 腹瀉
- 頭暈
- 肌肉緊繃或顫抖，尤其是肩膀和下顎
- 心跳加快
- 喘不過氣或呼吸急促
- 胸疼
- 口乾
- 感覺自己「僵住」或癱瘓了
- 解離感，或感覺好像你在一旁觀看事情發生

雖然面對壓力時，你很可能體驗到一或多種上述身體反應，但你未必總是體認到它們與你的身體的恐懼喚起反應有關。這也是爲什麼RAIN方法中的「體認」階段如此重要，它提醒你，要注意自己身體的恐懼反應，引導你以好奇和接納的態度好好觀察，而不是評斷或批判。

體認階段的目標是單純地承認，事實上，你害怕，而不是設法推開或否認這個事實。

如果你不習慣追蹤身體的壓力症狀，那麼一開始可能很難認出它們。許多人對肩膀緊繃或頻繁的胃部不舒服習以為常，從未將這些身體的不適與恐懼反應劃上等號。需要些許練習和重複，才能建立需要每次都體認到你的恐懼症狀的習慣，因此，接下來的「勇氣探索：恐懼追蹤表」（見第二一〇頁）可能會有所幫助。就像每一位優秀的撲克選手一定知道自己的「情緒破綻」，你也應該了解，當你的身體逐漸進入恐懼狀態時，會出現哪些反應。

體認階段的目標是單純地承認，
事實上，你害怕，
而不是設法推開或否認這個事實。

烏龜型或豪豬型：當你害怕時，會如何反應？

當人們感覺受到威脅時，通常會以兩種方式回應——像豪豬一樣「豎起刺」，試圖嚇退正在嚇唬自己的東西；或是像烏龜一樣躲藏起來，縮進自己的龜殼裡。假使追蹤你的恐懼「情緒破綻」感覺令人難以招架，不妨先從注意自己是「豪豬型」還是「烏龜型」開始。

面對挑戰或挫折時，「豪豬型」會吵鬧、發火，靠逞強來感覺比較有力量且沒那麼脆弱。

比如說，同事因為自己的想法被忽略而怒氣沖沖地在開會時離席，以此掩藏自己的無力感，或是家長擔憂金錢問題，因而對自己的孩子大吼大叫，這些都屬於豪豬型。

反之，「烏龜型」向內走。他們後退，設法盡可能變得渺小，等待風暴過去。這可能看似徹底封閉、漠不關心或與外界脫節。天生烏龜型的人，在面對緊張或困難情境時，有時候被認為是隨和或安於現狀，但事實上，他們是在設法從當下抽離、回到安全的狀態。對烏龜型來說，再次感到安全的最快方法是，讓自己幾乎隱形。

面對挑戰或挫折時，
「豪豬型」會吵鬧、發火，
靠逞強來感覺比較有力量且沒那麼脆弱。

步驟二：指派（「說出來，才能馴服」階段）

陰間大法師（Beetlejuice）啊！侏儒怪（Rumpelstiltskin，譯注：出自格林童話）啊！

說出事物的名字就有力量。我們在說故事、流行文化、行銷當中都看到這點。我最愛的許多青少年超自然小說都是建立在這個理念上：如果你知道精靈、小仙子或惡魔的名字，你就能操控對方。

只要你說出那樣東西的名字，就能馴服它。

RAIN方法的第二步，是要指派一個名稱或標籤給你體驗到的恐懼。這麼做讓識別與區分恐懼的類型變得更容易，還可以幫助你開始發掘可能會激起心中恐懼的潛藏信念、模式、故事。有時候，光是把恐懼的名稱說出來，就可以中斷恐懼反應的迴路。

爲了促進這個過程，我設計了「恐懼之輪」，基礎建立在美國心理學家兼研究人員羅伯特．普魯奇克（Robert Plutchik）的「情緒之輪」上。

普魯奇克是愛因斯坦醫學院（Albert Einstein College of Medicine）的教授，他撰寫或合著過至少二六〇篇文章、四十五個章節、八本著作，專門研究情緒。他創建了「情緒之輪」作爲視覺指引，幫助我們更具體地理解人類情緒光譜的深度與廣度。他希望製作一份具體的地圖，呈現人類八大基本情緒組成的崎嶇地形：恐懼、信任、憤怒、喜悅、悲傷、厭惡、期待、驚訝（也有其他思想學派認爲，其實只有四種基本情緒：快樂、悲傷、恐懼、憤怒）。無論你採信哪一種觀點，這些核心情緒就像基本色彩，可以相互混合，形成情緒光譜中各種不同的色調。

一般而言，我們用語言描述情緒狀態時，大致可以分爲三種基本類型：主觀的（subjective）、行爲的（behavioral）、功能性的（functional）。由於「恐懼之輪」的目標是幫助我們讓杏仁核退場（而不是進一步刺激它），因此我選擇使用這三者之中最簡單的主觀描述。不過，用你在那種感受下的行爲表現來描述你的情緒體驗，或是從功能性的角度，將那份感覺關連到那個情緒對所在環境造成的影響，依然是合理可行的。

舉例來說，與其只用「恐懼」這個詞來描述你感到害怕的時刻，你可以描述事件，說明你當時在退縮或逃離觸發因子。或是，如果

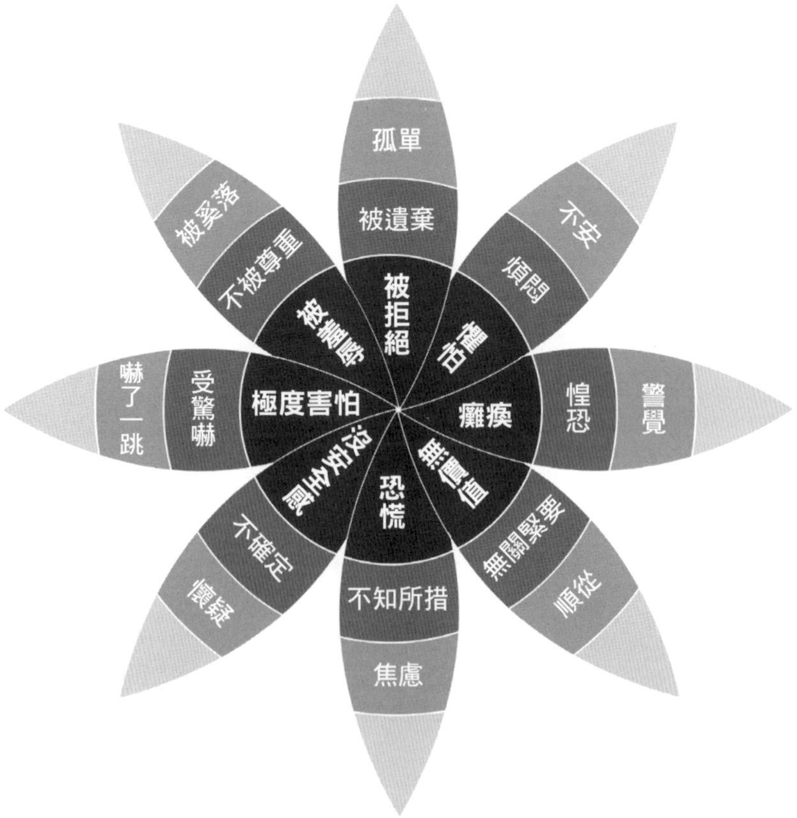

你比較偏好採用功能性的語言，你可以將那個事件描述成，你「出於本能要保護自己」。

我將普魯奇克的「情緒之輪」，改編成以恐懼爲基礎的一組情緒，幫助你聚焦在如何體驗恐懼的各種細微差異。運用「恐懼之輪」作爲工具，突然間，未知的情緒變得可以被理解。

超越恐懼練習 10

恐懼追蹤表

當你把焦慮的想法寫下來時，就能深入洞悉它們的起源與意義，讓你可以想像更大膽的嶄新未來。撰寫日誌也可以幫助你處理恐懼之類的難熬情緒，因爲當你將自己的感受寫下並好好反思時，就會更加覺知到助長那個情緒的負面思維模式。一旦你體認到那些模式，就可以挑戰它們，培養比較健康的應對技巧，而且以比較正向的思考取而代之，改善你的心智健康。

若要開始看見你如何體驗和應對日常恐懼的模式，不妨嘗試記錄當天出現的任何焦慮想法或恐懼感受，以數位或手寫方式記錄均可。

假使你偏愛有點架構的寫法，不妨採用以下格式：

日期：
觸發事件：
強度等級（輕微、中度、嚴重）：
注意到的身體反應：
你對觸發事件的反應：
你希望自己有不同的反應嗎？如果是，如何反應呢？

由於我們的情緒有不同強度的光譜，你會發現，某些字詞在設計上比其他字詞更強烈。在「恐懼之輪」的幫助下，你可以將自己的憂傷，從盤旋在腦袋裡的那團模糊黑雲，轉化成某樣具體的東西，讓你可以好好掌握並加以研究，從而更深入地理解。

使用「恐懼之輪」的時候，你能夠暫停暴走的情緒，爲自己爭取某個覺知的時刻，而這正是關鍵，可以降低杏仁核的恐懼反應。「恐懼之輪」讓你的腦子可以將感受歸納到特定的分類之中，而那是我們的腦子喜愛的。因爲我們害怕失控，於是仰賴組織與分類而成長茁壯。藉由把自己的感受說出來，並將那個感覺放進大腦內的某個「盒子」，你就可以放鬆下來，因爲你感覺自己重拾了掌控權。於是，搞清楚接下來該怎麼做突然間變得容易許多。

解碼我們的情緒複雜性

我們許多人甚至不知道何時會感到害怕，因爲在西方社會中，恐懼往往備受壓抑。「恐懼之輪」移除掉你與恐懼之間的層層否認與壓抑，強化你原本就具備的能力，讓你可以體認到自己何時感覺到恐懼，然後做出相應的回應。

但是「恐懼之輪」的眞正力量在於，它明確地允許你可以害怕。一旦你立即掏出「恐懼之輪」，那個情緒就已經擺在檯面上了。那麼，何不乾脆接受它，甚至歡迎它呢？「恐懼之輪」的另一個額外好處是，它既私密又強大。我建議你把「恐懼之輪」的影像儲存在手機裡，方便隨時取用（你可以在https://maryoffenroth.com/bravenewyou下載）。

你指派一個具體的名稱給自己的恐懼，藉此讓自己的體驗變得更加明確。這讓你可以繼續前進，而不是停留在你的感受的風暴狀態中。在RAIN的流程中，這是重要的一步。當你將自己的體驗明確地說出來時，你就允許自己進一步探索，這比忽視它或假裝它不存在好上許多。

情緒不是孤立存在的現象，它們往往相互關聯。尤其是當你感覺到複雜、難熬的感受時，精確地表達你的內在感受可能看似不可能。「恐懼之輪」在此幫助你簡化這個描述過程。不妨運用這個工具深入洞悉自己的情緒組成，提升你將自己的情緒體驗有效地傳達給自己與他人的能力。

步驟三：識別（「分類」階段）

完成步驟一和步驟二之後，如果你依然感到憂傷，不妨反問自己以下問題：我的恐懼屬於哪一種恐懼類別？是害怕有所不足，還是害怕無法掌控全局？

絕大多數虛構的恐懼（見第二十六頁）都可以納入這兩種基本類別之一。雖然有些體驗相當複雜，同時包含兩者的某些成分，但在「識別」步驟中，爲了幫助你抽離失控的情緒，只要選擇最符合你當下感受的那個類別即可。分類，或是將你的感受強行納入兩種類別之一，有助於在你與情緒之間創造出某些亟需的距離，有助於化解當下的情緒能量。

> 你指派一個具體的名稱給自己的恐懼，
>
> 藉此讓自己的體驗變得更加明確。

勇氣的氣味

為RAIN流程的「導航」步驟尋找除了「箱式呼吸」（box breathing）以外的另一個選項嗎？

由於氣味通過鼻子，經由我們的嗅覺系統直接進入腦子，它對杏仁核的影響幾乎是立即的。當我們體驗到可偵測的氣味時，我們的嗅覺系統便受到刺激，結果要麼沒有恐懼喚起反應，要麼恐懼喚起反應顯著提升或下降。感覺比較放鬆或更有壓力，取決於該物質的化學組成以及你個人與該氣味的關聯。具體而言，吸入薰衣草、絲柏、百里香精油，對壓力反應性「生物標記」具有抑制壓力的作用，這點已在分子層級上透過實證研究證明。

「生物標記」（biomarker）是反映你的身心狀態的客觀線索。它不同於你描述的「我感覺到甲」或「乙部位很痛」等症狀，那些完全仰賴我們個人的感知，「生物標記」是可以量測的證據，就像今天早上的戶外氣溫一樣，即使從旁觀者的視角也觀察得到。當然，並不是要貶低任何人的個人體驗，而是「生物標記」可以作為額外的工具，幫助我們理解人類苦難的複雜性。

這一切如何轉譯成恐懼呢？某些強烈的氣味有助於迅速緩解焦慮，讓我們中斷已被啟動的杏仁核，逐漸降低自己的壓力反應，並回歸到某種平靜感。

就我個人而言，我將在此提到的精油裝進細長的滾珠瓶中，方便輕而易舉地放進任何小口袋裡（一定要用精油，因為你需要的是強烈的氣味啊）。在我上台或進入高壓環境之前，我會打開瓶蓋，在鼻子下方和鼻孔周圍塗上一些濃烈的精油。往往，我會感覺到立即的緩解，擺脫「我做不到」或「我到底為什麼要答應這事？」等擾人的念頭，或我的最大敵人：「你不夠好；沒有人會喜歡你。」

許多研究已顯示，特定的氣味具有抑制壓力的效果，包括出現在下列清單上的所有氣味，外加我個人喜愛的幾種氣味：

- **薄荷**（Peppermint，學名：*Mentha piperita*）
- **百里香**（Thyme，學名：*Thymus vulgaris*）
- **冬青**（Wintergreen，學名：*Gaultheria fragrantissima*）
- **尤加利**（Eucalyptus，學名：*Eucalyptus globulus*）
- **白樟**（White camphor，學名：*Cinnamomum camphora*）

- **絲柏**（Cypress，學名：*Cupressus sempervirens*）
- **薰衣草**（Lavender，學名：*Lavandula angustifolia*）
- **茶樹**（Tea Tree，學名：*Melaleuca alternifolia*）
- **快樂鼠尾草**（Clary Sage，學名：*Salvia sclarea*）

或是，如果情況真正緊急，我就拿一些舒緩薄荷膏來用。

在「識別」步驟中，你將來自「恐懼之輪」的字詞丟進兩個恐懼分類中的其中一個：「不夠好的恐懼」或「失控的恐懼」。你當然可以把不只一個「恐懼之輪」上的詞語套用到你當下的感受，但是真正的力量來自於只選擇一個。這麼一來，你可以把模糊不清的感覺凝聚成可以理解和掌握的東西。

「不夠好」類別

害怕不夠好的恐懼，根源於我們感覺自己不夠格或欠缺價值。它源自於內心深處覺得：自己不夠好、不夠有能力，或是不值得被愛和被接納。這使我們懷疑自己，導致不安全和自我懷疑的感受。它可能以各種方式顯化，包括自卑感、缺乏自信、低自尊，以及對社交場合感到焦慮。

「害怕自己不夠好」往往根源於童年的經驗，例如，父母的否定和拒絕，或是在成長期間遭到嚴厲的批評與懲罰。這也可能來自家庭的期待、社會的標準、與他人比較，以及我們的自我批評。這可能對我們的人生產生強大的影響——從削弱我們在社交場合的自信，到對自己的未來前景產生焦慮。

「失控」類別

每一個人天生都渴望掌控自己、環境、情況。當我們感覺好像事情脫離掌控，或感覺生活不是爲了我們而發生，而是被迫發生在我們身上時，便會產生一種脆弱與不確定感，那可能非常令人驚恐。當面對那樣的不確定性伴隨潛在的危險時，我們會變得擔憂而防衛，於是本能想要掌控局勢，企圖控制情況。

這種對掌控的需求是基本的人類生存機制，那是我們面對危險或不可預測的環境或情況的方式。然而，當這種本能失去節制，不斷在各處看到危險，就可能使我們的世界變得極其狹小，同時我們過度聚焦在可能會發生的事。

當我們擔心做錯決定或面對突如其來的變化，或是應對他人的看法和行爲時，我們往往不只是避開風險，也避開機會。我們錯失掉當下的珍貴時刻。

步驟四：導航（「穿越」階段）

RAIN方法的第四步是引導自己穿越恐懼，讓你可以超越恐懼。RAIN方法的步驟一到三發生在認知層面，但最後一步完全關乎行動。在這個步驟中，我建議使用名爲「箱式呼吸」的技巧，幫助你度過恐懼發作期。不過，這只是一種技巧，你也可以改用你喜愛且出現在後續幾章的其他神經再造工程技巧。

在「箱子」內思考（箱式呼吸）

聽到別人說「冷靜點兒」或「你就是需要呼吸」之類的話，對我來說幾乎很少產生預期的效果。事實上，當別人對我這麼說的時候，我的典型反應通常是回嗆道：「我已經很冷靜了。」以及「我本來就在呼吸。」

然而，如果運用得當，呼吸法可以是非常強而有力的工具。市面上有許多不同的呼吸技巧，有些比較複雜，有些較爲簡單，但共同目標都是，爲實踐呼吸法的人帶來平靜、心智清明、專注聚焦。在這些技巧中，我最愛的是「箱式呼吸」，這也是美國海軍海豹突擊隊（US Navy SEALS）最愛用的技巧之一，它也是最容易記住的方法，因爲，就像箱子的四個邊，箱式呼吸只有四個簡單的步驟。

以下是如何執行箱式呼吸：

一、緩緩吸氣，數到四，讓空氣充滿腹部與肺部。
二、吸完氣後，屏息，數到四。
三、吐氣，數到四。
四、吐完氣後，屏息，數到四。

一旦你把「箱式呼吸」變成自然而然的常用工具，就可以在每次數到四之間加入一段反覆默念的「座右銘」。我個人常用「我很安全」，藉此向我的杏仁核傳遞「一切安好」的訊號。

然後只要持續重複這整個過程，直到你感覺比較掌控一切爲止。

在日常生活中應用RAIN方法

運用RAIN方法之類的工具投注心力，好好理解、探索、穿越你的恐懼，你就可以開始與恐懼和平共處，乃至超越恐懼。

RAIN方法可以幫助你更清楚地覺知到自己的情緒觸發因子，並在當下即時處理。以下是落實這個方法、讓效果持續的幾個訣竅：

- 從早到晚，經常檢視自己的狀態。留意身體的緊繃感或可能代表恐懼反應的想法。一旦你知道自己身體的「情緒破綻」，就試看看能否更快地注意到它們。
- 把你的恐懼大聲說出來，它們就不會繼續躲藏在陰影中。

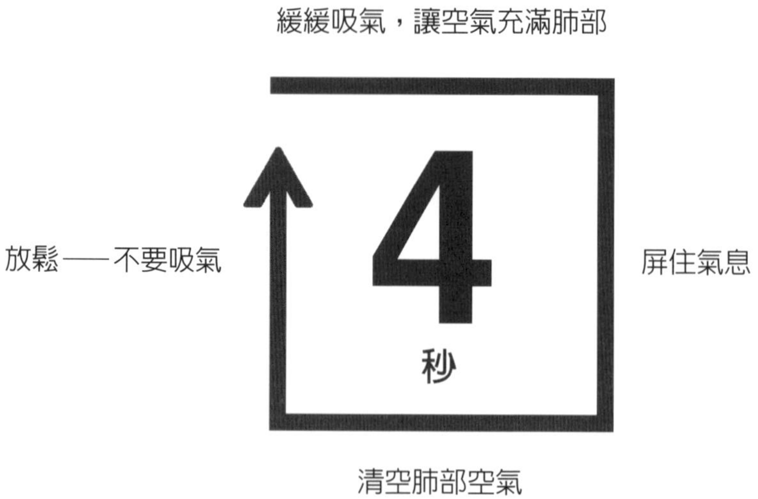

- 反問自己：你在害怕什麼？為什麼害怕？
- 練習自我慈悲（這點對我來說非常困難，尤其是我的完美主義傾向發作的時候）。
- 建立某個實體或數位提醒工具，讓你一旦進入恐懼喚起狀態，便立即執行RAIN方法。

恐懼是自然的反應，但它不一定要讓人招架不住或動彈不得。RAIN方法提供了一個強而有力的架構，方便理解和管理恐懼，所以不要害怕嘗試一下。如果這不合你的口味，也別擔心，後續章節還有更多的神經再造工程選項。

活得有勇氣，意謂著，願意穿越恐懼，而不是逃避或否認恐懼存在你的生命之中。運用RAIN方法，你可以更深入地了解恐懼的源頭，然後運用那份理解，採取有意義的行動來戰勝恐懼。

實際執行RAIN方法

我最早使用RAIN方法，其中一次自然而然地是在克羅埃西亞亞德里亞海的一場氣旋期間。

> 活得有勇氣，意謂著，願意穿越恐懼，
> 而不是逃避或否認恐懼存在你的生命之中。

我母親去世一個月後，我的摯友之一伊蓮邀請我陪伴她和她男友艾瑞克，在大受歡迎的「遊艇週」（Yacht Week）活動期間，一起參加克羅埃西亞的乘船旅遊。我們在一艘可以容納十人的十二公尺帆船上訂了位，每一個人在船上只有大約一平方公尺的個人空間。

抵達停靠在碼頭的船隻時，一位拿著透明李子白蘭地猛灌的粗魯男子迎接我們，他自我介紹，說他名叫揚科，是我們的船長。伊蓮、艾瑞克和我互看了一眼，似乎在說：「我們大概死定了。」

揚科船長要我們把行李收進船艙，並指了指我們要睡覺的地方。由於伊蓮和艾瑞克是情侶，當然會睡在同一個床位。揚科船長指著一張像在棺材裡的單人床說：「那是你的。你的室友應該很快就會出現。」

等等，什麼？那張床不折不扣是一張抽屜裡的單人床墊。你必須爬進去，而且如果太快坐起來，可能會撞到頭，導致腦震盪。我的「室友」要睡哪裡啊？我的美國式個人空間感瞬間拉起警報，我開始恐慌。

「沒事的……沒事的……一切都會沒事，」我告訴自己，「你也跟剛認識的陌生人同床共枕過好幾個晚上——這次沒什麼不一樣……只是少了些性愛罷了。」還好，眞的沒什麼。預定和成爲我的床友的那名女子，重心比較放在通宵不歸，然後每天早晨和她的朋友們一起羞愧地游回船上。

頭四天，天空藍，海水更藍，對我破碎的情緒而言，那簡直是良藥，我一邊承受著失去母親的悲慟，一邊又因爲不必全天候照顧母親而欣喜。我大部分時間都坐在船首沉思或閱讀，任由鹹鹹的海風療癒我的傷口。

第四天當天，一大早，天空又是「知更鳥蛋藍」（譯注：Robin's-egg-blue，又名「蛋殼藍」，意指介於藍色與綠色之間的色調，呈現出知更鳥蛋的顏色），伊蓮和我一起登上維斯（Vis）島。在此之前，我們一直都是把船停靠在島上或靠近島嶼的地方。不過，這座島嶼擠滿了船隻和遊客，因此我們把錨下在一處小海灣，然後搭了二十分鐘的水上計程車上岸。我們在這座如圖畫般優美的小村莊探索了一整天，然後走進一間供應當地海鮮的咖啡館坐坐。炎熱的一天，夕陽緩緩落下，而我們吃著最後幾口的墨魚汁義大利麵。

突然間，天空下起傾盆大雨。人們尖叫著、四處奔跑，尋找遮蔽物，躲避猛烈的傾盆大雨。伊蓮（她是土生土長的蘇格蘭人）和我（之前是從事野外調查的生物學家）只是互看了一眼，聳了聳肩，然後把塑膠菜單舉在腦袋上遮雨，直到女服務生前來結帳。我們自信地覺得，這場暴雨很快就會停下來。

我們錯了。

喝酒是下一家咖啡館的「室內避難費」，可是等喝到不知道第幾杯的時候，我們發現需要做決定了。伊蓮挑了下眉毛表示，她認爲這場雨不會很快停，於是爽朗地說：「嗯，我們來看看外面情況如何吧！」

我率先走出咖啡館，結果發現，原本一小時前乾爽的街道，現在水淹到了我的小腿肚。我們麻煩大了。

我倆飛奔到碼頭，卻被告知：所有船班取消，等明早才恢復。

「好吧，不理想，但也不是世界末日，」伊蓮用她的蘇格蘭腔宣布，「我們可以找個旅館房間過夜，明天早上再回船上。」很完美吧！可是我們很快便得知，島上所有住房早就因爲「遊艇週」被預訂一空了。

雨水像瀑布一樣成片地從天而降，既然沒地方可去，那就喝酒吧！我們找了另外一家酒吧。

但是酒吧終究還是會打烊，而在這座小島上，我們除了彼此，誰也不認識。我正試著認命接受，那晚可能得兩人擠在一起，在小鎮廣場中的積水街道上過夜。我完全陷入恐懼模式，這輩子從不曾露宿街頭，更甭提在氣旋發生期間！就在我的頭腦當機的時候，伊蓮的頭腦卻開始全速運轉。

伊蓮啪地一聲兩手拍在吧台上，結了帳，然後趕著我們離開，走進淹水的街道。問題的解決方案出現了，那是一根明亮、閃閃發光的香蕉，在港口中晃動。沒錯，一根香蕉。那是一艘載客娛樂的充氣香蕉船，當然不是設計來在夜間……在氣旋發生期間……駛進亞德里亞海完成救援任務的。

可是我們非試不可。

我們走到碼頭，打算求人、借船乃至偷艘船回家，不過說眞的，偷船基本上等同於找死，因爲我們倆都不會開快艇，更甭提拖著香蕉船的快艇了。經過一番協商並付出一筆天價現金，我們終於說服了一個人，讓他開著兩人座快艇拖著我們倆乘坐的充氣香蕉船，回到揚科船長和我們的船上，那裡相對安全。整趟二十分鐘的船程期間，我們像瘋子一樣大笑，相信這不是我們有過最讚的點子，就是最糟的主意。

你正在閱讀這本書，所以顯然，我最終成功地離開香蕉船，活著回到揚科船長的船上。但我的經歷卻是完美的實例，可以討論我如何應用RAIN方法，從被恐懼凍結的一團亂，轉變成乘坐香蕉船的行家。

步驟一：體認（「感受」階段）

首先，這不是有層次的體驗。我的恐懼指數超級高！肩膀僵硬到就像一直在聳肩，牙齒因爲緊咬下顎而酸痛，心臟跳得飛快。但是我知道我的情緒破綻，也可以輕而易舉地體認到，我讓無法掌控情境的恐懼牽著走，而且危及我的問題解決能力。

步驟二：指派（「說出來」階段）

站在碼頭上，我非常懼怕未知的未來，以及自己是否有能力應對——在此，「懼怕」（dread）是我從「恐懼之輪」中輕而易舉選出的詞彙。

步驟三：識別（「分類」階段）

我們往往猶豫到底要選擇「有所不足的恐懼」，還是「無法掌控的恐懼」。但這次的選擇對我來說並不難，這是百分之百的「無法掌控的恐懼」。我選擇了我認識的惡魔（回到船上），而不是我不認識的惡魔（在遭逢氣旋期間在陌生國度露宿街頭）。

那是最佳或最安全的選項嗎？八成不是。我後悔嗎？完全不後悔！

步驟四：導航階段（「穿越」階段）

我需要跳上那艘瘋狂的充氣香蕉船。事後回想，那其實遠比睡在濕漉漉的排水溝危險許多，但當時，我的頭腦不自覺地朝安全靠攏，安全就像暴風雨中的燈塔。而那一夜，安全意謂著窩在我那張借來的、像棺材一樣的小床裡。危險則是繼續留在沒有安全港口的小島上。

香蕉船也讓我感覺良好，因爲那是「行動」。認命地在排水溝裡過夜，感覺像是放棄，像是危險的挫敗。所以，我使出渾身解數，運用了我的RAIN方法和箱式呼吸，撩起身上的洋裝，跨坐在充氣香蕉船上，讓那艘兩人座的小快艇拖著走。在我們衝進暴風雨之際，我死命抓緊把手。我們在大到幾乎聽不見自己聲音的狂風暴雨中搭了二十分鐘的香蕉船，然後抵達我們的船，雖然渾身濕透，但平安無事，還有點歇斯底里。

從未離開船的揚科船長說，他已經很久沒見過像我們這樣不是愚蠢至極就是非常勇敢的人了。我選擇把這當作是讚美，畢竟就我的經驗而言，最精彩的故事往往誕生於有點愚蠢又有點勇敢。

如何延緩大腦老化？

隨著年齡增長，我們的大腦往往會失去某些可塑性。然而，藉由從事能刺激新的神經網絡形成的活動，我們不僅可以減緩這個過程，就某些案例而言，甚至可以逆轉這個過程。學習新技能不僅有助於保留記憶之類的認知功能，還可以提升創造力與解決問題的能力，同時降低壓力水平。不斷為大腦提供好奇心、創造力、教育培訓、新奇體驗的飲食，有助於擊退老化帶來的有害影響。

就跟我們的肌肉一樣，因為少用而萎縮，因為適當的飲食和鍛鍊而強健，我們的大腦也是如此。神經可塑性（neuroplasticity）是我們的大腦適應新情境並從中學習的方法，大腦回應新的體驗或環境中的變化，從而形成並重組其連結。

當我們改變思考方式、所做的事、自己的行為舉止，我們的大腦也會隨之改變。

神經可塑性：你的大腦如何成長與改變

想像你是一隻鳥，翱翔在一座大城市的上空。往下俯瞰，你看見由多條行車道構成的寬闊馬路、較小的單線道，以及狹窄到連汽車都無法通行的小徑。如此鳥瞰一座城市的視野類似於你腦中神經通路的排列方式。每當你執行、思考或感受某件事，你就是在運用腦中稱之爲「神經通路」的這些道路之一。

你越是執行、思考或感受某件特定的事，那條道路就會變得越寬敞、越平坦順暢。越少使用那條路，越是不感受、思考或執行某件特定的事，那條路在你的神經「城市」裡占據的空間就越小。刷牙之類習慣做的事，是暢通無阻的高速公路；而你第一次嘗試的事物，則是樹林裡的小徑。

「神經可塑性」是一個過程，讓我們的大腦能夠適應內部或外在環境的變化。這個統稱涵蓋了我們的神經系統可以如何成長、調整、重新組織自身，以適應不斷變化的世界。其中「neuro」（神經的）代表神經元，也就是腦部與神經系統的特殊細胞；而使用「plasticity」（可塑性）這個詞，則源自於它本身的定義就是可改變形狀的特性。科學家們曾經認爲，我們在出生後就無法再生出新的神經元，但是近期的研究顯示，由於神經可塑性，我們可以創造新的神經連結、調整神經通路，而且就某些案例而言，無論年齡多大，甚至可以產生全新的神經元。

我們越是深入理解神經可塑性，就會發現：你可以（而且應該）教老狗學學新把戲啊！從新神經元的形成，到新連結的增長，神經可塑性是我們在第三章討論過的「恐懼/勇氣之間的吊詭」不可或缺的一環。無論我們幾歲，只要運用正確的工具與行動，就能改變腦部的連線方式。我們可以把那些無益的公路轉變成雜草叢生的叢林小徑，然後建造新的道路，讓我們與理想中的自己相契合，而不是成為現在的模樣。

> 無論我們幾歲，
> 只要運用正確的工具與行動，
> 就能改變腦部的連線方式。

神經再造工程 8

如何運用重複來訓練你的大腦變勇敢？

這是一個簡單然而強大的方法，幫助你鍛鍊你的杏仁核：

一、識別你的恐懼：把你的恐懼寫下來、大聲說出來，讓它變得具體可見。

二、**制定計畫**：決定你該如何循序漸進，讓自己安全地面對這個恐懼。再次提醒：如果你要處理的是根深柢固的創傷恐懼，務必在專業人士的指導下進行——沒必要因為一輩子怕蛇，就決定跳進一個連印第安納．瓊斯（譯注：虛構的美國電影角色，身分是考古學家兼探險家，特色是非常怕蛇）都會落荒而逃的蛇坑裡。

三、**循序漸進**：從小劑量的恐懼開始，等你逐漸適應，再逐步增加接觸量。

四、**反思並重複**：每次面對恐懼之後，花些時間反思那段體驗，然後重複這個過程，直到那個恐懼變得可以管控為止。

你越是經常以最適合自己的方式接觸你所害怕的事物，那些觸發因子對你的掌控力就會越小。這是個循序漸進的過程，而且久而久之，重複可以幫助你把那些恐懼轉化成只是日常生活的另外一個面向。

脫敏（desensitization）讓你能夠一次一點地拆解你的恐懼，將你的恐懼從原本高聳的圍牆轉化成旅途上的踏腳石，幫助你邁向更有勇氣的心態。

當我們多次體驗到某個恐懼觸發因子搭配相同的反應時，我們的大腦就會建立一種「預設」設定，未來遇到所有類似的體驗，便自動套用。沒有明確的規則說明需要多少次才會形成這種設定，也因此，好好檢視你體驗過的重大恐懼誘發事件至關重要，如此才不會讓它們在你的大腦裡變成一條「高速公路」。

邁出好腳向前行

我最早的記憶之一，是騎在一匹成年的美洲奎特馬（quarter horse，譯注：又名四分之一英里馬，以擅長衝刺而聞名，尤其是在四分之一英里或更短的賽程中，更是遙遙領先其他馬種）的馬背上，那匹馬大約一四〇公分高，而我的麥朵阿姨扶著我，讓我穩穩地坐著。其實，麥朵阿姨與我並沒有直接的血緣關係，但她是我們部落社群裡幫忙扶養我的阿姨之一。麥朵阿姨使我與素未謀面的生父所屬的原住民傳承建立起連結，她覺得，有必要讓馬兒成爲我童年生活的重要一環。

雖然我三歲開始騎馬，但是直到年紀大些，才被要求照顧馬兒。七歲時，我在打掃馬廄、擦拭馬具、清理馬蹄。就在一次清理馬蹄的例行過程中，我經歷了當時人生中最大的驚嚇之一。那次的驚嚇原本可能會在我腦中形成一條神經路徑，讓我往後一輩子都得與它掙扎對抗。

我剛過八歲生日，麥朵阿姨和我剛騎完馬回來。「漢彌頓」是一匹脾氣火爆、身上有深色斑點的阿帕盧薩馬（Appaloosa），當時牠已經梳洗完畢，待在馬廄裡咀嚼乾草，而我們正準備幫我的馬「肉桂」做同樣的事。肉桂是一匹很懶的棕色美洲奎特馬，牠之所以成爲我的坐騎，因爲牠就是「超冷靜」的代名詞。

所以你可以想像，那天肉桂直接踩在我腳上的時候，我有多震驚。

帶有強烈情緒的事件，會瞬間建立起記憶的超級高速公路，所以我至今還記得當時的一切。我剛清理完肉桂左後腳的蹄子，正準備要清理右腳的時候，卻犯了馬術的一個基本大忌：如果你打算在馬兒的後方做任何事，務必一手始終放在馬兒的臀部。在我即將放下左蹄，準備清理右蹄時，我雙手離開了肉桂的臀部。肉桂當時看見牠鍾愛的乾草被叉進馬廄裡，牠分心了，八成沒有意識到我還在牠身後。所以牠挪動了一下右後蹄，直接踩在我八歲的小腳腳上，從腳趾到腳踝整個被牠踩住了。幸好，牠那一下並沒有踩得太重。

我知道，如果我大喊或尖叫，肉桂一定會驚慌失措，把整個重量壓在我的腳上。多虧我有與馬兒相處的經驗，儘管嚇壞了，還是能夠保持冷靜。我用平穩的語氣說：「麥朵阿姨，請幫我把這匹馬從我腳上挪開。」她驚恐地低頭看了一眼，抓住韁繩，輕輕地讓肉桂向前移動。

肉桂一離開我的腳，站到安全距離，我立即崩潰痛哭。我脫下鞋子，發現腳上有個必會瘀青的蹄形印記，但骨頭沒有斷裂。麥朵阿姨檢查了一下我的骨頭，發現我站立或走路都沒問題，然後她說：「好了，起來，我們要再去騎一趟。」我下巴差點掉到肚臍眼上，瞪大雙眼說：「什麼？不！我不要，我剛剛才被踩到欸！」

麥朵阿姨有一頭灰白相間的茂密頭髮，早在青少年時期便由黑轉灰，正是她那頭難以馴服的捲髮，襯著一張不容反駁的表情，回答道：「沒錯。這正是你現在需要重新騎上那匹馬的原因。否則，你可能會再也不敢騎馬。不是因為你做不到，而是因為你會太過害怕。」

「所以，起來，我們走吧。」

而我們真的再次騎在馬背上。

如果那天我們沒有再騎在馬背上，很可能就那麼一次，讓我一輩子對馬兒心生恐懼。但是我至今依舊熱愛騎馬，因為麥朵阿姨並沒有讓那份恐懼生根滋長。雖然成年後我沒有經常接觸馬兒，但是只要有機會騎馬，我都會雙腳一躍而上（好吧，當然是一腳先，再跨另一腳）。假使那一天，麥朵阿姨沒有堅持要我快速建立與肉桂相關聯的全新經驗記憶，取代我以為會失去一腳的驚恐記憶，騎馬帶給我的喜悅可能會就此被奪走。

面對你的恐懼：脫敏與重複

「我會功夫了。」（譯注：這句話出自電影《駭客任務》，主角尼歐在被「灌入」功夫技巧後，睜開眼睛驚訝地說出了這句話。）

或許第一部《駭客任務》（*Matrix*）電影最令人羡慕的，就是基努．李維飾演的主角尼歐，能夠瞬間上傳知識與技能。可惜，這類立即的滿足感依舊只存在科幻小說的世界中，而我們只是凡人，必須透過練習艱辛地學習。寫作、烹飪、運動，全都需要投入與付出時間，一開始平庸乃至表現糟糕，然後才能逐漸變優秀。「脫敏」本質上是一個過程，它經由重複接觸，使頭腦對壓力源的反應逐漸減弱，在此，我們以低風險的方式練習，訓練大腦對特定的觸發因子不那麼容易產生強烈的反應。

當你主動參與活動，挑戰自己因恐懼而產生的想法時，你的大腦裡便形成新的勇氣路徑。久而久之，這些勇氣路徑透過重複得到強化，於是越變越強，這有助於削弱、最終取代你原有的恐懼反應。

脫敏的重點不是壓抑你的恐懼，反而是以安全、可控的方式面對恐懼。每當你面對有壓力的情境且成功挺過時，你的大腦會記錄它是一次對你有利的勝利。重複的次數夠多，你的大腦便逐漸領悟到，結果並不像最初感知到的那樣悲慘。這有助於逐漸減少你的恐懼反應。

在我開始專業寫作之前，我非常害怕收到負面反饋。邏輯上，我知道反饋與重複修正是創作優秀作品必不可少的，但是情感上，我懼怕別人批評我的寫作。第一次收到專業反饋時，我處理得非常糟糕，甚至躲了一整個星期，才準備好面對那份檔案與電子郵件。如今，經過許多回的嘗試、失敗、重複，我才能比較坦然且較少驚恐地接受來自可信賴來源的反饋。

脫敏的目標是，面對觸發你的恐懼反應的事物，卻沒體驗到實際的危險或傷害。「脫敏」與「暴露療法」（exposure therapy）常被交替使用，不過多數人會說，人們靠脫敏自行面對人生較低程度的恐懼，而暴露療法則是與臨床心理師一起處理創傷引起的極度害怕，那需要專業的支持。兩者的核心理念都是「熟能生巧」（或者說，很接近完美，畢竟現在大家都不再追求完美了，對吧？）。

當我們練習讓自己暴露在低風險的恐懼觸發因子時，透過神經可塑性的力量，我們可以逐漸訓練自己的腦子明白，我們無理性地害怕的東西其實並沒有那麼糟。越多的新資訊和新經驗，使你的大腦形成新的連結與路徑，幫助你在不斷改變的世界中存活下來。

> 「脫敏」本質上是一個過程，它經由重複接觸，
> 使頭腦對壓力源的反應逐漸減弱，
> 在此，我們以低風險的方式練習，
> 訓練大腦對特定的觸發因子不那麼容易產生強烈的反應。

靠RAIN方法走出疫情

有些時候，我們正以最高速度奔馳在人生的馬拉松賽道，感覺強壯且狀態絕佳。其他時候，我們氣喘吁吁，連跨過一公里多的標記都覺得吃力。兩種狀態都屬正常，也都不會永久存在。

既然我已經反覆強調了，勇氣是流動的，就像我們的骨骼肌一樣，有時候強壯有勁，有時候軟弱無力，我想要分享一下，在新冠疫情（COVID-19）之後，我這個外向的人必須如何重新鍛鍊「再次與人相處」的肌肉。

疫情期間，我待在南加州，而洛杉磯的封城規定非常嚴格。當我們終於可以從「自製酸種麵包的洞穴」中走出來時，我發現自己有點忘了該如何在滿室陌生人的地方當個長袖善舞的人類。封鎖前，混亂忙碌的旅遊行程是我的日常，我不斷地與陌生人見面、聊天、歡笑乃至落淚。那是我的常態。

然後，我的世界縮小成筆電螢幕那麼大。

我原以爲，疫情的結束會像二戰結束時那張如今家喻戶曉的照片：一對戀人在時代廣場擁吻，慶祝戰爭終結。或者只是，會有如此明確的終點，我們會齊聚街頭慶祝，然後恢復正常。

你也知道，事情並非如此。

在那段緩慢升溫的回歸期間，我發現，一想到要與人聊天、歡笑，甚至只是認識新朋友，我就相當焦慮。我已經過度警戒太久了，不斷高度戒備著，不讓在我防疫圈子外的人靠得太近，結果，我那塊「勇敢認識新朋友的肌肉」鬆弛了（就跟我的臀肌一樣，不過那又是另一個話題了）。

我在疫情後的第一次大型上台演講活動，實在好嚇人。開場前兩小時，請我上台的客戶打電話來，說發生悲劇了。前一夜，就在我即將演講的場地外，一名男子在猛烈的暴風雨中被倒下的大樹壓死。我表達了心中的震驚以及哀悼社區的損失，然後對方向我保證，活動還是會如期舉行，但我要有心理準備，因爲某些與會者認識那名罹難者。

我的頭腦開始無限循環各種情節，多數的情節包括，我表現得一場糊塗，害自己出盡洋相。

＊此時登場的 RAIN 方法幫了大忙。體認……指派……識別……導航

開場前三十分鐘。技術測試出了點兒狀況，但我們即興應對。對此等規模的

現場活動來說，這相當正常，所以我不太擔心。

＊我開始運用各種強烈的氣味讓我的杏仁核分心。

開場前十五分鐘，進場的人數太多，館場工作人員開始加設座位，好容納更多人。可是我並不知道場地還能擴充座位，所以我準備在活動中使用的實體資料，根本不夠分給每一個人。就在這時，我真切地感覺到，自己那塊「與新朋友交談的肌肉」很虛弱。所有與會者都非常友善，他們興致勃勃又健談，而我光是跟他們聊天，就消耗掉許多能量，於是擔心，上台前，我可能需要先小睡一下，補充能量。

＊我拚命地按摩合谷穴，用盡全力。

開場前五分鐘，妳在前幾章見過的蜜雪兒（她是我的摯友兼活動經理）衝進休息室，大喊道：「把你的備用鞋給我！」

「什麼？」我問。一直忙著準備其餘資料給每一位來賓以及維持現場秩序的蜜雪兒，右手比著「快給我、快給我」的手勢，同時左手揮舞著一雙七公分高跟鞋，神奇的是，那雙鞋的鞋底竟然在同一時間、以同樣的方式整個脫落，完全無法再穿著走路。幸好，有鑑於過去曾以各種莫名其妙的方式扭傷腳踝，我有一雙平底鞋用來通勤走動，另一雙則是專供上台用的亮眼鞋款。蜜雪兒抓起平底鞋，跑出去完成開場前的最後準備工作。

開場前兩分鐘。

這時候，我心中暗忖，唯一可以讓我在上台前短暫安頓心神的地方，就只有女廁了。我溜進那間只有一個隔間的安靜洗手間，利用剩餘的六十秒做「箱式呼吸」，彷彿我的生命就仰賴它。

當我的高跟鞋叩叩叩地踩在後台的磁磚地板上，我仍繼續我的箱式呼吸。開場介紹結束，我走上台。然後，你知道接下來發生什麼事情嗎？

我展開了我的職業生涯中最精彩的其中一場演講。

演講開始前幾秒鐘，以及我們一起度過的整整兩個小時期間，當我望向眼前數百位選擇花時間和精力與我共度的觀眾時，我想起了自己為什麼曾經一直努力鍛鍊那塊「與新朋友交談的肌肉」。他人在享受當下時所散發出來的鮮活能量、熱情洋溢、生命力（連結到新的好友，毫無保留地大笑）提醒我，為什麼我會做這件事。因為我熱愛那股生氣活力感，幾百人選擇齊聚一堂，選擇共同投入那個恐懼與勇氣的深淵。

培養或重新鍛鍊你的勇氣肌肉，並不需要很辛苦或耗費漫長的時間。但是勤加練習並讓自己接觸最終會爲你帶來價値的可怕事物，可以使你變得越來越擅長面對它們，也讓它們一次又一次地變得不那麼可怕。

無論是恐懼反應，還是有勇氣的行爲，關鍵幾乎都是「熟能生巧」。

第9章

勇氣的生物學鑰匙

跳下懸崖，然後在下墜的過程中打造你的翅膀。

——雷．布萊伯利（Ray Bradbury）

我大半輩子都把加州當作家園，加州高聳的山峰與低窪的深谷，始終是我人生的背景。從家門口望出去，我可以看見聖蓋博（San Gabriel）、迪亞布洛（Diablo）、聖塔克魯茲（Santa Cruz）山脈。也許正因如此，難怪我以類似的態度看待人生，把人生看成一連串的高峰與低谷。有些時候，你不可避免地感覺高高在上，強而有力，彷彿你是人生的贏家；彷彿一眼望穿無盡的遠方，而且沒有什麼能影響你。

當然，也會有些時候，你在低谷的底部，在你的最低點，一切似乎毫不停歇地朝你傾瀉而來。你唯一能做的是抬頭仰望，感覺這趟攀登之路陡峭難行，剛才還在歡舞的山頂，突然間遙不可及，而且你可能再也無法回到山頂上歡舞。

活得有勇氣，並不代表你永遠不會在低谷裡。它眞正的意義反而是：探索你的人類體驗的完整狀態，包括最高的山峰、最深的低谷，以及兩者之間的一切。

人類最迷人的特質之一是，面對逆境，仍能展現堅韌不拔的能力。無論你正在尋找新的關係、職涯轉換或挑戰身體的極限，本章將會提供一些「密技」，讓你在下一次感覺好像需要勇氣加持的時候可以派上用場。在本章中，你會發現針對身體運作的神經再造工程，而不是提升心理體驗的技巧（下一章會提到提升心理體驗的技巧）。兩者之間的差異在於，你用什麼方法影響自己在當下體驗恐懼和勇氣的方式。

本章介紹的生物性神經再造工程涉及，運用觸碰、聲音、嗅覺，在生理層面哄騙你的恐懼喚醒系統返回到平靜的狀態。從迷走神經刺激到雙耳節拍，有各式各樣的工具與技巧，專門針對潛藏在恐懼與勇氣之下的生物學，讓你即使在胸口逐漸緊縮、開始緊咬牙關的時候，還是可以採取行動。

我個人在人生的高峰或低谷期，都親自嘗試過本章（以及這整本書）描述過的每一種神經再造工程技巧。並不是每一種技巧都完全適合你獨特的體驗或偏好，所以請把接下來介紹的內容當作自助餐，品嚐看看，找到最適合你自己的方法。

勇氣方程式

採取行動是活出勇敢人生的關鍵。根據研究，無論行動多麼微小，與完全沒有行動的人相較，採取行動的人往往感覺更有勇氣且較不畏懼。這當然很合理，因爲針對自己的目標採取行動，幫助我們培養對自身能力的自信，那可以幫助我們感到更有安全感且較不害怕。無論是身體或心理層面，只要是刻意向前推進，都有助於打破恐懼對你的束縛。

我個人的勇氣方程式是：

恐懼＋行動＝勇氣

雖然談到恐懼時，經常會提到「戰鬥或逃跑」，但事實上，我們更有可能坐著胡思亂想。面對以恐懼爲基底的虛構威脅時，身體會想要進入戰鬥模式來保護你，但事實上完全沒有必要。結果，你的恐懼反應轉向內在。你反覆思索心中的懷疑與不安全感，越挖越深，掉進完全是自己打造的憂傷深坑裡。然後你還必須努力對抗恐懼帶來的某些副作用：手心冒汗、消化不良、心跳加速。你待在恐懼中的時間越久，越是反覆琢磨、糾結思索，就變得越來越害怕這個世界。

在大部分的現代社會中，我們無法單純地靠逃跑或戰鬥來躲避我們的恐懼和問題。但行動卻有助於安撫受到驚嚇的身體，運用行動，可以驅散恐懼的感覺。

恐懼＋行動＝勇氣

無論是像RAIN方法（見第八章）那類看不見的練習，還是需要更多體力投入的其他方法，行動都有助於安撫你的杏仁核，平息它需要行動的渴望。當你的恐懼狀態被喚起時，你的杏仁核希望你做些什麼。這時候，神經再造工程技巧就派上用場了——它們可以幫忙安撫你的杏仁核，讓你可以運用邏輯而非恐慌，面對人生的複雜挑戰。

> 恐懼＋行動＝勇氣

勇敢地活著不只是心智的鍛鍊，它更是神經生物學上的操練。好消息是：我們現在知道，人類對自己大腦的掌控力比以前認定的還要強（感謝科學）。我們可以運用神經再造工程重新連線自己的大腦，讓它在有壓力的情境中做出不同的反應。研究已顯示，經常操練這些技巧，不僅能在當下幫忙降低壓力水平，久而久之，也促使整體的壓力水平下降。這些工具降低我們對日常社會心理壓力的恐懼反應，讓我們可以更有勇氣和自信地面對人生。

觸碰的力量

觸碰可以是強大的工具，減少恐懼、增強勇氣。無論是你眞正希望得到的擁抱、心愛的寵物依偎著你，或是像本節介紹的神經再造工程那樣比較獨特的技巧，科學已經證實，觸碰可以降低我們的恐懼反應。令人欣慰的觸碰增加「腦中的快樂化學物質」——催產素、多巴胺、血清素，同時減少壓力荷爾蒙，例如，去甲腎上腺素與皮質醇，結果增加了放鬆感，也因此增強了安全感。

我們天生的生物學設計是渴望身體的接觸，那麼何不運用這個與生俱來的傾向幫助自己感覺更勇敢呢？

刺激迷走神經

刺激迷走神經是瞄準我們最長、最複雜的顱神經，爲我們的身體帶來平靜感。迷走神經從腦部開始，一路延伸到腹部；在大腦分析我們是安全或危險時，它就被啓動了。雖然迷走神經有多種功能，但最重要的幾個角色是，調節情緒，以及管控在我們感到安全時主導「休息和消化」的副交感神經系統。研究顯示，刺激迷走神經可以減少焦慮、壓力、抑鬱，在某些情況下，甚至可以改善創傷後壓力症候群（PTSD）的症狀。

刺激迷走神經，可以降低心跳速率和血壓以及穩定呼吸，藉此促進放鬆、正向情緒和幸福感。當你需要降低恐懼喚起反應或從中迅速恢復，這可以是你的工具箱中一項極其重要的工具。雖然醫師在診所裡運用專業的機器可以刺激你的迷走神經，但是在沒有專業設備或訓練的情況下，還有許多其他方法可以做到。除了按摩合谷穴（第三十二頁）之外，以下是我最愛用的幾個方法。

按摩迷走神經

按摩迷走神經是施以適度的壓力，以畫圓或輕撫的動作按壓頸部、耳朵、肩膀上方的肌肉。具體按摩目標包含斜方肌（trapezius）與胸鎖乳突肌（sternocleidomastoid）。斜方肌位於肩膀上緣，用於活動頭部、頸部、肩胛骨。胸鎖乳突肌沿著頸部兩側（頭部轉動時會用到）同時從後頸區顱骨底部向前延伸。

由於迷走神經從腦部開始，沿著胸腔與腹部下行，因此頸部與頭部是最容易運用按摩刺激迷走神經的位置。這裡要記住一個關鍵詞：滋養。即使你喜歡深層按摩，這裡的目標也只是刺激一下這個區域，所以按壓時務必輕輕來。加些乳液或油可能會有所幫助，讓雙手可以輕易地滑過肌膚——但這並不是絕對必要，因為我希望你可以在車子上、開會中或上廁所的休息時間，為自己做這件事。

麥克尤恩三角

將你的食指放在耳垂後方、髮際線前方的顱骨區，那是一個拇指大小的點位，叫做「麥克尤恩三角」（MacEwen Triangle），或「外耳道上三角」（suprameatal triangle），或是只稱作「三角區」（the triangle）。運用中等壓力以畫圓的動作輕輕按摩這一區大約兩分鐘。接著，沿著頸部向下至顱骨底部，雙手分別輕按脊椎兩側，再持續一

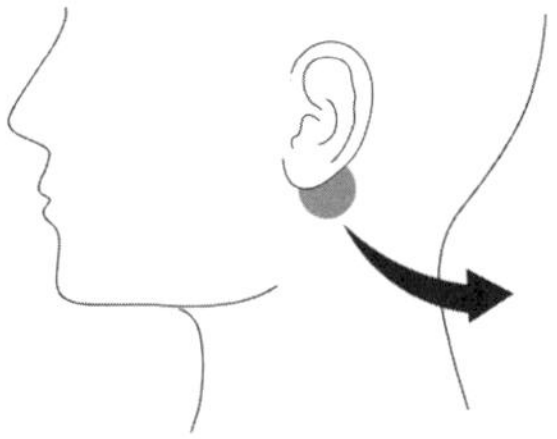

分鐘左右，同時深度而緩慢地呼吸。

鎖骨與頸部

先沿著鎖骨找到輕柔按壓時會感到痠痛的區域。做幾次深呼吸，放鬆每一個痠痛點。接著，雙手放在後頸區，運用輕柔的畫圓動作按摩脊椎兩側的肌肉。按摩每一組肌肉群時，要聚焦在釋放可能存在該部位的緊張或僵硬感。如果你願意，也可以揉捏手法按摩肌肉群的兩側。持續這麼做幾分鐘，直到你覺得那些部位的緊張感得到緩解爲止。

凍結恐懼

我把這個刺激迷走神經的方法保留到最後，因爲我討厭寒冷。不管怎樣，屏住氣息並用非常寒冷的水潑臉、沖冷水澡、跳進冰冷的海水中游泳或進行全身冰浴，這些全都是刺激迷走神經的方法。目前，並沒有醫療建議說明，水溫多冷或持續多久算是理想——只要你屏住氣息，同時至少短暫地將鼻子和嘴巴浸入冷水中，就會收穫冰水的好處。這種神

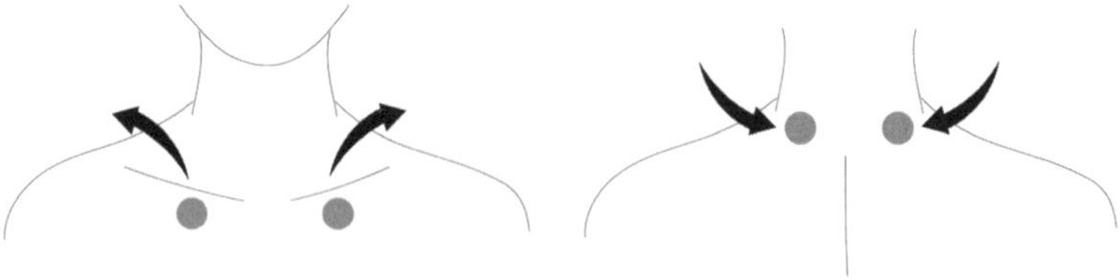

經再造工程屬於「潛水反射」（dive reflex）的一部分，這是一種複雜的生理反應，人們認爲，演化出這個方法是哺乳動物爲了節省氧氣、減慢心跳（因此減輕心臟的負荷）、在潛水時保護重要的器官。

雖然我建議來一趟冰冷的海泳，但這並非總是實際可行的選項。只要把臉埋進任何冰冷的水裡，就是快速又容易的刺激迷走神經方法，爲你的日常生活帶來更多的平靜。

漂浮療法

假使想到漂浮在一個隔音的黑暗水艙中令你不寒而慄，不妨仔細想想這點：有許多不同類型的漂浮艙，而且現在的研究支持，漂浮艙對於減輕焦慮與增強平靜感頗有價值，而且效果在療程結束後仍可持續很長一段時間。

具體而言，研究發現，「減弱環境刺激漂浮療法」（Floatation-REST, Reduced Environmental Stimulation Therapy）對每一個人都具有正面的影響，尤其是對那些患有嚴重臨床焦慮症的人特別有效。與大多數以人爲基礎的研究案例一樣，並不是所有參與者都感受到正面的效果，但許多人在療程後表示，感覺比較放鬆、壓力減輕、不那麼緊繃。隨著漂浮療法的價值日益受到大眾認可，公共漂浮艙設施如今開始出現在許多城市中，不再局限於最初的發源地洛杉磯和紐約。

自我刺激行為

你會咬筆嗎？或是在挫敗時大聲嘆氣呢？「自我刺激行爲」（stimming或self-stimulation）大致可以定義爲，任何重複性的身體動作或聲音。雖然「自我刺激行爲」最初與神經多樣性個體（例如，自閉症光譜上的人們）的行爲有關聯，但事實上，多數人都會表現出某種類型的自我刺激行爲。

難以控制的自我刺激行爲，偶爾可能會干擾日常生活。不過，多數情況下，我們之所以重複某個自我刺激行爲，是因爲那個動作讓我們感覺良好。它可以安撫我們、幫助我們感覺比較平靜、提升我們的專注力，這促使它成爲好用的強大工具，而且鐵定不是該要隱藏或感到羞愧的事。常見的自我刺激行爲包括：吹口哨、抖腳、敲打手指、捲繞頭髮、哼歌、咬指甲、掰動指關節。

自我刺激行爲在口語上被稱作「神經質的習慣」，它甚至可以幫助我們進一步偵測到表面下的強烈情緒，例如：焦急地等待某事或某人時，你會不自覺地抖腳。當你壓力變大、害怕、或煩躁時，你的個人自我刺激行爲往往會變得更加明顯或頻繁。

自我刺激行爲的頻率可能也因人而異，這往往也與我們的情緒有關。每一個人出現自我刺激激行爲的頻率都不一樣。舉例來說，你可能只在焦慮或不耐煩的時候才會輕敲鉛筆。對我來說，我的拇指指緣揭示我的壓力程度。我的自我刺激行爲是用食指反覆摩擦拇指側邊，我這麼做好長一段時間，導致我的拇指指甲上永久留下微波浪狀的紋路。但我發現，這個行爲可以釋放我在壓力底下產生的神經緊張能量，尤其是如果我沒有其他方法可以在身體上把那股能量釋放掉。經年累月讓我的指緣承受壓力之後，我現在每天都戴一枚「解壓戒指」（fidget ring）。

將注意力集中在無害的東西上，例如，轉動裝在戒指上的小滾珠軸承，你可以幫助自己不那麼關注壓力觸發因子。

除了減壓戒指外，市面上還有許多的其他選項，例如，「平靜貼條」（Calm Strip）是一種有質感的黏貼布條，每當你感到焦慮或有壓力時，可以用來抓搔、撫摸或摩擦；「動態減壓玩具」（kinetic fidgeter）是讓你可以重複操作的物件，例如，指尖陀螺（fidget spinner）或減壓玩具（fidget toy）；壓力球（stress ball）。

雖然目前還沒有嚴謹的科學研究可以明確說明它們的運作機制與成效，但是由於成本低、風險小，我發現，許多成年人在面對壓

> 將注意力集中在無害的東西上，
> 例如，轉動裝在戒指上的小滾珠軸承，
> 你可以幫助自己不那麼關注壓力觸發因子。

力時，都能因這些小工具而受益。

我們呼吸的空氣

「呼吸法」極其強大、看起來簡單，也容易執行。弔詭的是，呼吸法也可能非常困難（哦，至少對我而言是這樣）。呼吸法是在生活中減輕壓力並培養勇氣的一種有效方法，不過對許多人來說，當下聚焦在自己的呼吸卻十分困難。但這卻是我堅持嘗試的事，儘管失敗了許多次，因爲我知道，呼吸的力量可以啓動副交感神經系統，幫助調節我們的壓力反應。

我喜歡用「呼吸法」（breathwork）這個詞，而不是「呼吸」（breathing），來強調兩者之間的差異：「呼吸」是我們不假思索自動執行的事；而「呼吸法」則是我們主動地納入自己的前額葉皮質，有意識地控制我們如何呼吸或何時該屏住氣息。

呼吸法運用刻意爲之的呼吸模式，不僅提升體內的含氧量，而且啓動我們的「休息與消化」副交感神經系統，幫助身心回復平靜。

「呼吸法」也爲身體帶來額外的益處，例如，降低血壓、改善呼吸速率、減少疲勞感（因爲氧氣攝取量增加），以及緩解壓力引發的疼痛，例如，頭疼或背痛。心理上，刻意爲之的呼吸法可以帶來許多好處，因此用條列的方式來說明會更合適。

刻意爲之的呼吸法可以：

- 幫助減輕焦慮，使你的神經系統平靜下來
- 提升專注力，改善全神貫注的技能
- 改善睡眠品質，使你更容易入睡
- 改善你的認知功能
- 提升你的自尊心
- 提振心情
- 提供情緒穩定

以下概述的呼吸法類型絕不是完整清單，它們只是我的最愛，因爲在我最需要的時刻，這些呼吸法最簡單，也最容易憶起。

誰是你的潛水夥伴？

在墨西哥加勒比海女人島（Isla Mujeres）外海那片閃爍著天藍色光澤的海域進行水肺潛水時，我差點陷入所謂的「深海迷醉」（rapture of the deep）。這種狀態的正式名稱是「氮醉」（nitrogen narcosis），它會讓人產生類似瞬間醉酒的欣快狀態，判斷力與協調能力受損。就像喝醉酒生出的那種「酒膽」，氮醉爲你帶來虛假的無敵感，使你對死亡的恐懼隨著海流飄走。

當然，應該要避免達到這種狀態，但是我很容易分心，於是差點兒因此而喪命。

當時我和克雷格沿著一道珊瑚礁牆潛水，那是一道近乎垂直、由堅硬的珊瑚形成的巨大結構，深度往往超出休閒潛水的安全範圍，且時常面向浩瀚的外海。這些複雜的珊瑚礁結構附近有許多五彩繽紛的生命，包括魚類、海綿、海膽、海葵，以及其他視覺上非常吸引人的海洋生物。雖然當時我們已經潛到大約二十四公尺深，但這道珊瑚礁牆卻還是繼續向下延伸數百公尺，形成蔚藍的深淵，遠遠超出我的視線。由於周圍完全沒有海床之類的視覺指標，我原本應該密切關注我的深度測量錶。但是我太過沉醉在當時的體驗，根本沒想到要檢查深度。

我隨著柔和的洋流漂浮，沉浸在眼前令人屏息的美景中，感受到鋪天蓋地的平和與寧靜。當時我以爲，那只是珊瑚礁牆太過絕美，事實上，卻是氮醉正在發作。

幸好，我有潛水夥伴！

克雷格擔任我此次潛水的「搭檔」（wingman），幫助我從水下危機中脫困。或是，以當時的情況而言，把我從我自己的選擇中救回來。

我整個人迷失在那種突如其來、輕盈快樂的七彩感覺中，對於克雷格敲擊他的氧氣瓶完全沒有反應，那是在水下吸引同伴注意的標準方法。當那招無效時，克雷格向下潛，一把抓住我的背心，然後用驚恐的眼神指著我的深度測量錶。我竟然不小心下潛到三十八公尺深（氮醉在三十公尺開始對人造成嚴重的影響）。

所以，誰是你的潛水夥伴呢？這人一定會或曾經拯救你免於陷入混濁的深淵。描述一下你的理想潛水夥伴，這有助於明確地表達你的需求與渴望，從而強化現有的關係，培養能夠支持你邁向更勇敢人生的新關係。

描述一下在你的生命中（無論是過去或現在）曾經讓你感到安全的某人。你們倆之間的信任是如何培養的？

描述一下在你的生命中，總是給你勇氣的某人（這人也可以是給予你「安全感」的那個人，但有時候，這兩人並不是同一位）。你們倆之間的信任是如何培養的？

當你與你的潛水夥伴在一起的時候，你有何感受？描述一下你的想法、情緒乃至行爲。

一點小補充：我在工作坊期間講到呼吸法的時候，最常被問的問題是：「我一定要用鼻子呼吸嗎？」

許多演練法會說，必須用鼻子呼吸，但是從科學角度來看，鼻腔在主動呼吸控制中是否扮演有利的角色，目前還沒有被完全理解（也還沒有被深入研究過）。因爲我時常鼻塞，所以鼻腔呼吸並不總是行得通。不過，我一貫的實用建議是：「如果那麼做對你有效，那就照做吧！」

橫膈膜呼吸（腹式呼吸）

橫膈膜呼吸（diaphragmatic breathing），又名「腹式呼吸」、「肚子呼吸」或「深呼吸」，意指運用橫膈膜進行緩慢、深沉的呼吸。橫膈膜是位於胸腔與腹腔之間的肌肉。這種呼吸方式瞬間刺激迷走神經，帶來有益身體與心理的成效，例如，降低血壓、減緩過快的心跳、平息恐懼喚起反應。

以下是如何進行橫膈膜呼吸：

一、用鼻子緩緩吸氣，同時讓腹部向外擴展。

二、用嘴巴慢慢吐氣，每次吐氣時，將所有的空氣完全排出。吐氣的同時，全神貫注在溫和地將腹部拉回脊椎的方向，好像你正在努力拉上剛從烘乾機拿出來的那條緊身牛仔褲的拉鍊。

三、重複這個過程十到十五次，聚焦在運用橫膈膜進行深層而緩慢的呼吸，而不是靠胸部做淺淺的呼吸。

勝利呼吸

這種呼吸法常用在瑜伽之中，特點是呼吸深沉且可聽見，吸氣與吐氣的時間相等，吸氣時從鼻子吸入，吐氣時從嘴巴呼出，同時從喉嚨後方發出「哈——」的聲音。我在本書分享過的各種呼吸法當中，勝利呼吸（Ujjayi Breath）讓我在公開場合最不自在，因爲做勝利呼吸時，我會覺得自己像隻咆哮、憤怒的龍，所以因爲尷尬，通常反而聽起來更像生氣的小老鼠。

靜音壓力哨

壓力哨（stress whistle）是一種細長的金屬管，看起來像召喚狗狗的哨子，但發不出任何聲音（對人或狗狗而言）。大部分的壓力哨用鏈子串起來，當項鍊戴著，讓人隨時可用。由於哨管狹窄，壓力哨強迫你延長吐氣時間，讓你可以邊吐氣邊數到十。緩慢吐氣自然而然地降低心跳速率。重複緩慢吐氣的同時，要聚焦在釋放額頭、雙肩、下顎的緊張感。把壓力哨當作項鍊佩戴，不僅有實際物品提醒你要練習呼吸，更讚的是，還可以成爲一種時尚宣言。

把想法說出來

如果你發現自己陷入反覆的思緒循環，擔心著過去或未來，可以用聽得見的聲音說出盤旋在腦袋裡的內容，藉此打斷你的內心獨白，這麼做讓那些思緒不再控制你。若要做到這點，可將雙手以能帶來安慰的姿勢放在身上。可能是環抱雙臂，彷彿你很冷的樣子。我會一手放在心口，一手放在腹部：心口那隻手提醒我，我是被愛的。腹部那隻手提醒我，用橫膈膜呼吸，把空氣吸進肚子裡。

雙手放好後，只要大聲說出你此刻專注聚焦的內容。你可以對信任的人、鏡子甚至對寵物說這些話。我工作時經常一個人，但身邊幾乎總是有我信賴的超級狗狗班迪，所以我通常對著班迪說話。我時常納悶，那麼做是不是讓班迪變成了治療犬。

我們生活中的聲音

從古老的吟誦和古典音樂，到傳唱勇氣與力量的歌曲，再到重複唱頌帶來寧靜與平和的梵咒，聲音可以深邃地影響我們的情緒狀態。聲音長久以來被認爲是一種強大的工具，能夠讓身心平靜，也可以幫助我們重新架構恐懼的體驗，在生活中培養更有勇氣的應對方式。在這一節，我們要探索幾種新穎的方法，幫助你將聲音加入你的「勇氣工具箱」。

聲音浴

聲音浴是一種療癒方法，利用風鈴、水晶缽、鑼產生的和聲與頻率，幫助你放鬆身心，找到平靜。這些沉浸式的音調會慢慢變化，幫助你感覺被聲音的振動包裹或「沐浴」了。二〇二〇年的一項研究量測了聲音浴的放鬆效果，結果顯示，參與四十分鐘聲音浴的人們表示，疲勞、緊張、憤怒明顯降低，清晰度與活力則有所提升。

那是個涼爽的週四傍晚，我第一次參加聲音浴療程，地點在俯瞰太平洋的馬里布（Malibu）懸崖上。聽說聲音浴幾年了，但從來沒有機會親身體驗。當時我既緊張又興奮，腦袋裡閃過一連串的問題：「會發生什麼事情呢？別人會喜歡我嗎？我會不會看起來很可笑？」但我還是鼓起勇氣參加了……為了科學啊！

伴隨著洶湧拍打的太平洋浪潮聲，我們一群人躺在毯子與枕頭上，閉上眼睛。帶領者邀請我們做深度的腹式呼吸。當大家靜靜地進入這個狀態時，奇妙的事情發生了：我可以感覺到自己的恐懼慢慢退去！柔和的音樂極其撫慰人心，直到我身後的兩名女子不受控地咯咯笑，她倆顯然是初次參加的新手，正豪飲著兩整瓶的夏多內白酒。

整個療程結束時，我感覺自己比空氣還輕盈，彷彿整個人已經被傳送到另外一個界域。那裡的人們實在親切又熱情，讓我後悔活動開始前，自己一直躲在車裡，直到最後一刻才出現，只是爲了避免與別人交談。

你可以在你最愛的任何音樂平台上找到聲音浴的錄音，但我還是強烈建議親身體驗一下現場版本。只是請把夏多內白酒留在家裡。

雙耳節拍

你可能對「視覺錯覺」（optical illusion）很熟悉，但你知道也有「聽覺錯覺」（auditory illusion）嗎？「雙耳節拍」（binaural beats）就是其中之一。雙耳節拍是音調與頻率的變化，據說有助於減少焦慮、提高專注力、降低壓力、促進放鬆、提升正向性、協助疼痛管理。雙耳節拍被認爲可以創造類似於冥想時體驗到的腦波模式，對你的心理與身體健康造成類似的正面影響。

已知的大腦頻率有五種，各自具有以下益處：

- 德爾塔（Delta，一點五至四赫茲）：有助於深層睡眠
- 西塔（Theta，五至八赫茲）：幫助冥想、增強創造力、減少焦慮
- 阿爾法（Alpha，九至十四赫茲）：作爲輔助頻率，幫助降低焦慮、促進放鬆

- 貝塔（Beta，十五至四十赫茲）：增強專注力、解決問題的能力、記憶力
- 伽馬（Gamma，三十至九十赫茲）：提升訓練或學習

儘管早期研究顯示，雙耳節拍與減壓之間存在相關性，但是研究人員並未斷定，雙耳節拍療法對每一個人是否都有效。即便如此，只是戴上耳機便能改善心理健康的想法相當吸引人，而且雙耳節拍音軌在你習慣聽音樂的平台上通常都可以免費或以低價取得。

雙耳節拍也被認爲可以提升創造力與專注力。感覺更有創意和更能專注可以自然而然地激發勇氣。假使你臻至「心流」（flow，見第二八八頁）狀態，這個效果尤其眞實，在那個境界，你「進入心流狀態」，只專注在當下的任務，其他一切往往逐漸消失。

雙耳節拍也被認為
可以提升創造力與專注力。

自主性感官經絡反應

「自主性感官經絡反應」（ASMR, Autonomous Sensory Meridian Response）是一種神祕的現

象，已知可以幫助某些人減輕壓力和焦慮。在「自主性感官經絡反應」當中，某些刺激（從輕敲，到耳語，到翻書聲）會觸發一種酥麻感，從後腦勺開始，沿著肩膀向下移動到脊椎。體驗過「自主性感官經絡反應」的人們表示，他們感覺到深度放鬆，有些表示有漂浮感。也有人將這種體受感描述成頭皮或腦部按摩。

有些人只要聽音樂，或聆聽某人以關愛的方式柔聲說話（彷彿講床邊故事），就可以體驗到這種酥麻感。但並不是每一個人都可以經由視覺或聽覺輕易地獲得「自主性感官經絡反應」的好處，或找出觸發反應的刺激。假使你樂於嘗試「自主性感官經絡反應」，有許多免費的線上影片頻道專門提供這類內容，在你喜愛的音樂平台上，也找得到純音頻的版本。

目前並沒有明確的科學解釋可以說明「自主性感官經絡反應」，不過已將它與音樂引發的「顫慄感」（frisson）區隔開，因爲「自主性感官經絡反應」是放鬆的，而「顫慄感」則是激昂的。

早期研究顯示，在體驗到「自主性感官經絡反應」的人們身上，「自主性感官經絡反應」具有減輕壓力和焦慮的潛力。對於設法應對恐懼或壓力情境的人們來說，「自主性感官經絡反應」帶來的平靜效果特別有裨益。如果你能夠體驗到「自主性感官經絡反應」，讓自己放鬆下來，聚焦在撫慰人心的東西上，它就可以幫助你重新歸於中心，更順利地穿越恐懼。

音樂懷舊：建立「勇氣播放清單」

我們往往在青春期發現新音樂，通常是經由朋友。透過音樂建立連繫創造出在特定社群內的歸屬感，而且隨著時間的推移，我們的音樂選擇也與個人認同交織在一起。以我為例，由於整個青少年期都在一九九〇年代，所以深受油漬搖滾（grunge）、另類搖滾（alt-rock）、早期電子音樂吸引，這些至今仍是我最愛的曲風。

根據名為「回憶高峰理論」（reminiscence bump theory）的說法，我們的記憶將比較大的腦容量，分配給十幾歲後期至二十歲出頭那段時期的自己和生活方式。再加上，事實上，新鮮而新奇的體驗，尤其是情感豐富的體驗，比無聊乏味的體驗更容易被記住，因此不難理解，人生這段時期的音樂何以如此強而有力。

假使你還沒有一或兩份讓你感覺好像你能征服世界的懷舊歌曲播放清單，不妨現在就開始建立吧！想一想，班級舞會在體育館舉行，當時你獻上初吻，播放的是哪一首歌曲呢？或是，放學後，你和朋友們反覆播放的是哪一首歌。音樂懷舊是一種現象，讓我們以其他活動無法複製的方式，與青春期的自己重新連結。

關於音樂懷舊的研究，雖然多半集中於青少年時期音樂的影響，但你也可以接通播放清單上強化勇氣的能量，讓自己回到人生中任何正向或充滿力量的時光。建立懷舊音樂可以減輕壓力——藉由回想起過去的正向體驗，你能夠動用那些正向的情緒，這可以幫助緩解當下的焦慮或抑鬱感受。

比起照片、氣味乃至食物，音樂可以是更有效和可靠的觸發因子。聽到一首歌時，你的聽覺皮質就受到刺激，於是腦部處理和聲、旋律、節奏內包含的資訊。由此開始，腦中的不同部分依據你選擇與那首歌的互動方式，一起參與進來。

深入聆聽歌詞嗎？那麼負責關注的「頂葉皮質」（parietal cortex）就會開始運作。你決定自己也能像車裡正在播放的那首歌的主唱一樣，放聲高唱副歌嗎？那麼負責規劃然後執行的「前運動皮質」（premotor cortex）也會共襄盛舉。但是在這裡，我們討論的重點是：聆聽一首觸發豐富情感和正向回憶的歌曲時，你的杏仁核與前額葉皮質便被啓動，隨著你按下清單上的「開始」鍵，焦慮減輕了，膽識與勇氣提升了。

提醒一下：這些影片和音訊中呈現的刺激內容極具個人特色。也會有大量的低語聲以及演奏某些獨特的「樂器」，例如，揉皺紙張，或壓克力指甲相互敲擊的聲響，甚至有人們咀嚼餅乾的影片。我個人因爲激發情感的音樂和雙耳節拍而從「自主性感官經絡反應」當中獲益，但是許多比較與眾不同的內容反而讓我渾身不對勁。

發聲

喉頭常被稱作「聲音盒子」，內含聲帶，而且連結到迷走神經。唱歌、哼曲子或唸誦的時候，我們啓動迷走神經，向我們的神經系統傳送「一切安好」的訊號，表示我們很安全，可以回復平靜。其實不需要達到特定分貝的音量才能獲得這些好處，哼著曲子或反覆唸誦某個有良好回響效果的聲音（例如冥想、印度教或佛教中常用的「嗡」聲）乃至只是漱口，同樣可以得到用聲音刺激迷走神經的效果。

當心間隙

曾經住在倫敦市中心意謂著，我可以清楚地回想起，每次搭上倫敦地鐵，自動廣播便響起的聲音。「當心間隙」（Mind the gap）意在提醒乘客，不要掉進月台與車門之間的空隙。我把《恐懼與超越》當中介紹的神經再造工程技巧看作類似的提醒——它們是技巧，幫助你在當下感覺到的恐懼與你對恐懼的反應之間創造足夠的間隙，使你擁有更多的掌控力，並在目前的位置與即將前往的地方之間，留出更多的空間，讓你可以決定，是否應該邁步、跳躍，或只是留在原地等待。

下一次，當你的心跳開始加速，你感覺想要僵住或逃離某個你明知道並不危險的東西時，不妨放手一搏，試著運用上任何一種勇氣的「生物學鑰匙」突破困境。恐懼可能使我們產生「隧道視野」，難以清楚地思考，因此我建議，在踏入令人不舒服的困境之前，先落實幾個你最愛的方法。行動，即使是小小的一步，也比卡在原地、停滯不前讓人感到更有力量。就定義而言，轉化等於改變，所以，如果我們眞正想要不同的結果，就需要嘗試不同的思考與行爲方式。在你的「感受」與你的「行爲」之間有更多的空間時，你就能做出全新、有可能帶來轉化的抉擇。

勇氣是我們的生物本能與人生經驗之間的複雜相互作用。我們身體的結構、生理、基因特質，始終會影響我們體驗人生的方式。不過人腦並非不可改造。無論我們的年齡多大，都可以學習、放下、再學習。

再者，誰知道科技會把我們帶向何方。

如今，在理解和操縱人類的腦子方面，我們正處在前所未有的突破邊緣，包括我們如何回應恐懼。令人振奮的研究成果正在爲我們鋪路，以求更好地駕馭自己的勇氣，戰勝糾纏我們的恐懼。「虛擬實境」（VR, virtual reality）輔助的恐懼制約訓練之類的技術，很有可能澈底改革暴露療法；而「經顱磁刺激」（TMS, Transcranial Magnetic Stimulation）之類的非侵入式腦部刺激技術，在早期測試中也已展現出相當的潛力。誰知道呢？也許有一天，我們會有能力依據自己獨特的腦部結構、人生體驗、恐懼反應，打造出完全個人化的神經再造工程策略。

但是在那天到來之前，先開始嘗試這些神經再造工程技巧，幫助你「當心間隙」。

行動，即使是小小的一步，
也比卡在原地、停滯不前
讓人感到更有力量。

第10章

勇氣的心理學鑰匙

希望與恐懼無法同時存在同一個空間，要邀請其中一個留下。

——瑪雅・安傑洛（Maya Angelou）

撰寫這段文字時，正值NASA（美國國家航空暨太空總署）哥倫比亞號太空梭任務STS-107解體墜毀二十週年，當時是在重返地球時解體的，導致全體機組人員罹難。

我，以及NASA，再也回不到從前。

參與STS-107任務，曾經是，如今也仍是，我人生中最重要的時刻之一。STS-107是哥倫比亞號的第二十八次任務，重點爲科學研究，而當時，國際太空站正處於建設階段。指揮官里克·赫斯本（Rick Husband）帶領機組人員完成了來自地球上的物理、生命、太空科學團隊傳送的八十多項實驗。麥可·安德森（Michael Anderson）、威廉·麥庫爾（William McCool）、大衛·布朗（David Brown）、蘿芮兒·克拉克（Laurel Clark）、卡爾帕娜·喬拉（Kalpana Chawla）、伊蘭·拉蒙（Ilan Ramon）日以繼夜地工作，確保STS-107的研究能夠勇往直前，探索實驗從未涉足的領域。

二月一日當天，機組人員原定返航。上午八點五十九分，一切依照重返計畫進行。到了上午九點，休士頓地面控制中心與太空人完全失去聯繫。十二分鐘後，任務控制中心接到了一通當地新聞台的來電，通報太空梭的碎片像繁星一樣灑落在德州晴朗蔚藍的天空中。

在NASA艾姆斯研究中心的地堡圖書館裡翻閱著滿是灰塵的古籍，短暫探頭進入超重力實驗室，或是在巨大到擁有自己的氣候系統的一號機庫（Hangar One）吃著午餐，那些時候我從未想過，我們的工作會搭上哥倫比亞號太空梭的最後一次飛行。

STS-107事件發生後，我離開了NASA。當然，並不是因爲在推進我們對生命的科學理解方面已經無事可做。但在深刻思索STS-107機組人員展現的勇氣之後，我開始反觀自己的人生，並反問自己：「我是否正活出可能最勇敢的人生呢？我對世界帶來的正向影響，對我而言夠了嗎？」對於這兩個問題，我的答案都是斬釘截鐵的「否定」。於是，我離開了NASA的工作，尋找某樣更大膽無畏的東西。

勇氣不是沒有恐懼，而是願意且有能力面對恐懼。如果有一套可以幫忙的工具，面對恐懼豈不是更輕鬆、更有效？

在接下來的篇章中，我們將深入探討勇氣的心理學鑰匙，聚焦在影響你的念頭、行爲、思考模式，以此改善你面對恐懼和實踐勇氣的日常體驗。

勇氣有許多種，從身體層面到心理層面，而我認爲，STS-107機組成員展現了所有這些形式的勇氣。我也相信，你可以在自己身上，找到所有同樣的勇氣色彩。

當你擁有正確的心理學鑰匙，可以解鎖你的勇氣時，通向更充實人生的道路就會變得容易許多。

連結：危險連繫

連結是在人生中培養勇氣、減少恐懼的強大方法，尤其是在與能提供相互安全依附（見第八十六頁）的人建立連結時。我的生活中已經不再有任何血緣關係了，而且已經很多年了。但我有一群親如家人的摯友。雖然我們沒有住在同一個屋簷下，甚至不住在同一座城市，但我知道，不管什麼時候、在哪裡，只要我向他們求助，他們一定會出現在我身邊。光是知道這點，就足以讓我有力量走向世界，去面對那些令人害怕的事。

成年人建立關係可能很難，但我發現，若要與人建立深厚、真誠的連繫，最快的方法之一就是：尋求幫助，分享自己的掙扎，尤其是如果其中涉及壓力或危險的元素——我稱之爲「危險連繫」（danger bonding）。每當我想到那些如同家人般的朋友時，我總會情不自禁地想起這些在某種壓力情境下相遇的浪漫邂逅情節。

認識蜜雪兒和狄麗亞時，我們都才十九歲，年紀還沒大到可以合法飲用我們在當地的大象酒吧調製的雞尾酒。我們的情誼就是建立在那間全鎮最繁忙的餐廳裡，那裡壓力爆棚，我們一起輪八小時的班，中途不休息（呃，當時是一九九〇年代，勞基法比較鬆一點）。

克莉絲汀和我在三十多歲時一見如故，當時是在一場研討會上，剛好在洗手間裡遇見這位完全不認識的陌生人，於是請她幫忙，幫我擺脫會議上一名詭異男子的糾纏。

在我結束與前任長達十二年的關係後，第一次以單身女子的身分重新踏入世界的第一個小時，我遇見了伊蓮。巧的是，她剛好也與前任結束了長達十二年的關係，第一次以單身女子的身分走進這個世界。

布蕾克與我成爲永遠的摯友，當時，她擔任臨終陪伴者，協助海倫媽媽走完人生的最後旅程。

愛芮絲和我的情誼則是建立在佛羅里達州的一場演講者會議上，那事發生在與一位職場女王產生了一段尷尬的對話之後。

米雪和我的姊妹情誼是在洛杉磯一間鬼屋的黑暗深處建立起來的，那天是萬聖節，我們剛認識的頭五分鐘，就緊緊抓著彼此，一起尖叫。

四十多歲時，認識了史蒂芬妮，當時她正在訪問我，那是我早期某次擔任來賓，參加科學類播客節目，緊張得要命。

布莉蘭和我發現，在一片職業行銷人員的海洋中，我們彼此是唯二的「科學海盜」。

許許多多「危險連繫」的故事，最終轉變成數年乃至數十年深厚、眞誠、喜悅的姊妹情誼，全都是因爲我有勇氣主動打招呼、伸出援手、分享自己的奮鬥掙扎、主動請求幫忙，或是手牽手一起逃離（假裝）揮舞著斧頭砍人的殺人魔。

要特別說明，「危險連繫」不是「創傷連繫」（trauma bonding）。創傷連繫是指，受虐的某人與施虐者建立起有好感的個人連結，受虐者同情或欽佩施虐者，而不是憤怒或厭惡對方。斯德哥爾摩症候群（Stockholm syndrome）就是一例：被綁架者開始與綁架者交好甚至爲其辯護。

「危險連繫」只是縮短了從陌生人變成朋友所需要的時間，它受到某種程度的外在壓力源刺激，讓人們因此建立連繫。「危險連繫」的其他例子包括：在哥斯大黎加的熱帶雨林中，針對實地拍攝的電影，歷經三個月辛苦的高強度拍攝時程建立起來的終生友誼。不然就是士兵或消防員之間的連繫。

然而，如果你期待擴大朋友圈，倒也不必奔赴戰場或衝進燃燒的建築物，就可以利用這個連結密技。以下是幾則建議：

- 參加一堂入門課，這活動有點極限的味道，對你而言又完全陌生。例如，攀岩、衝浪或划獨木舟。因爲每一個人都害怕這個新活動，所以你不會是唯一害怕的人，而且課程安排讓人很容易與陌生人交談。
- 加入某個可以競爭的團體。不一定要是體能相關的活動，也可以是黑客松（hackathon，譯

注：程式設計馬拉松）或桌遊比賽。團隊結構本身就有利於建立連結，而與其他團隊競爭，則會加入一點壓力「調味品」。

- 以獨旅身分加入某個有組織的小團體，這個團體與你的價值觀和興趣契合。我之所以說獨自旅行，是因為，當我們與夥伴一起旅行時，往往不會主動與新朋友建立比較深入的連結。越新鮮、新奇越好。在這方面，我個人酷愛「G冒險」（G-Adventures，譯注：一家提供全球小團體旅遊的公司），因為這家公司會根據你的活動偏好與年齡層，設計出國際旅行行程。

還有什麼其他方法讓你可以快速建立信任與連結，使你置身在需要一點恐懼和一點勇氣的情境中呢？

依附練習

即使你小時候沒有建立起安全的依附關係，也可以在成年後培養，不過，這需要時間、機會、精力。如果你目前身邊沒有一段因人類而建立的安全依附關係，也不必煩惱，你可以從其他方面得到同樣的好處，例如，照顧動物（嗨，班迪，最親愛的狗狗，我愛你）、投入靈性修行、親近大自然，或全心奉獻給某個比自己更偉大的東西。

以下有幾種方法不是以人際關係爲基礎，卻可以運用連結培養勇氣：

森林浴

相對近代之前，人類其實不必特別刻意地將大自然融入日常生活中，然而現在，我們許多人卻住在綠地十分稀少的大城市中。

「森林浴」是一種受歡迎的方法，可以用心解決這個問題。

森林浴是一九八〇年代初起源於日本的概念和實作法，意指在森林中悠閒漫步，藉此親近大自然。森林浴被認爲可以誘發放鬆的狀態，降低人體的戰鬥或逃跑反應。經常進行森林浴甚至可能會有積累的效益，讓人即使不在大自然中漫步，也能促進平靜的狀態。

二〇一九年的一項研究發現，森林浴十五分鐘，可以降低參與者的心率和血壓，同時促進平靜的狀態。另一項研究則指出，參與者在森林漫步兩小時後表示，焦慮程度明顯降低。此外，研究人員還發現，森林浴之後，參與者體內的皮質醇和腎上腺素水平也下降了。

森林浴的一個重要成分是「正念」，那需要讓自己扎根在當下，

> 森林浴被認為可以誘發放鬆的狀態，
>
> 降低人體的戰鬥或逃跑反應。

提升內在與外在的覺知力。正念是一種心理技巧，研究顯示，它對於消除恐懼（或降低習得的恐懼反應）具有正向的效果。因此，有理由相信，森林浴讓減少恐懼的正念與置身大自然中的放鬆行爲相結合，可以減輕你對特定行爲或事物的恐懼，達到比較平靜的狀態。

甚至有初步研究探討虛擬實境森林浴的價值。雖然沒有什麼能比得上置身在大自然中，但並不是每一個人都能接觸到野外，這取決於體能、地理位置、交通便利程度，或是否有能力支付旅行費用。因此，虛擬實境森林浴或許是大城市學校、醫療專案或圖書館計畫的未來選項。

從事園藝活動

jardiner一字來自法語，意爲「從事園藝」，它是一種方法，在花園裡動手栽種，以此降低日常的恐懼喚起。一項研究發現，當參與者被要求在戶外從事三十分鐘的園藝活動時，他們的壓力水平顯著下降，同時正向心境提升。要注意的是，他們做的並不是搬運沉重樹枝之類過度嚴苛的工作，而是輕鬆的修剪、除草、播種、種植，而且時間是在北半球春季，天氣陰涼乾爽的時候。在園藝活動之後，參與者自述的壓力水平及唾液中的皮質醇濃度均有所改善。

研究人員認爲，這些結果有幾個原因。首先，適度的運動已被證實可以降低壓力水平。對多數人而言，園藝是一種輕度到中度的鍛鍊，可以提升身體的活動量，又不會造成過度勞累。

研究也顯示，與大自然接觸有助於降低壓力水平。

再者，由於園藝是戶外工作，它讓園丁們接觸到大自然的景象和聲音，同時因日照而產生人體亟需的維生素D。此外，值得一提的是，園藝是目標導向的任務，可以提升正向與賦能的感受。專家們推論，目標導向的任務可以提升個體經常與大自然互動的可能性，讓人們不只是一次性地接收紓壓的好處，而是持續地從中獲益。

感恩

落實感恩可以幫助你變得更加樂觀、減輕壓力、提升免疫系統、減少寂寞感。培養感恩意謂著，肯定來到你面前的美好事物，以及承認他人如何爲你的生命注入善意。感恩的藝術與感恩帶來的益處相輔相成。不過落實感恩也與降低恐懼和提升勇氣有關聯。

感恩的益處

科學家們相信，當我們體認到自己生命中的美好事物時，腦部會分泌更大量的多巴胺，這是與歡愉和獎賞有關聯的神經傳導物質，可以提升整體的幸福感。多巴胺最常與腦部的「獎賞中樞」有關聯，不過它也扮演其他角色。多巴胺與調節情緒的韌性有關，也就是說，你的身體有多擅長應對壓力、恐懼、危機，並在事後回復到危機前的模式。多巴胺也是培養自尊與勇氣等特質的必要基礎。在面對逆境時仍心懷感恩，即使只是面對最微小的挫折，也可以提升你的恢復能力，並讓你更有自信地面對未來的情境。

研究顯示，經常落實感恩的人，在面對身體健康課題（例如，心臟衰竭、發炎、抑鬱）比較有韌性，而且感知到的壓力較低。事實上，一項針對消防員的研究顯示，與不感恩且不積極落實感恩的人們相較，天性較為感恩且積極落實感恩的人們，感受到的壓力較小，也比較不容易精疲力竭，因此享有更好的心理與身體健康。

養成感恩的習慣

無論你個人如何定義「感恩」，大多數人都會同意，落實感恩是建立在經常反思和表達你對人生體驗、擁有的特權、生命中重要人物的感謝。雖然在遭逢最艱難的挑戰時，並不總是容易找到感恩的時刻，但這麼做可以幫助你保持開放的心態，面對未來的體驗與機會。雖然一開始可能會經常時而開始、時而中斷，但研究指出，從事撰寫日誌或冥想之類的活動，可以幫助你與感恩的感受連結，從而建立起新的神經路徑，使你未來更有可能體驗到這些正向的情緒。

若要開始建立感恩的習慣，首先務必釐清什麼事物可以為你帶來喜悅。一開始，先寫下所有為你帶來歡愉的事物——例如，陽光、大自然漫步、撫摸小狗狗，或與親朋好友共度時光等簡單的東西，或是職涯成功或旅行體驗等較大的事物。在開始落實感恩時，這有助於提醒你，人生中所有值得感恩的事物。

超越恐懼練習12

感謝自己

寫下你最近遇到的一項令人苦惱的挑戰，以及幫助你戰勝它的一項個人優點。然後，就像在寫卡片給另外一個人一樣，寫一句簡短的感謝給自己。例如：「感謝你如此堅持不懈」或「感謝你那麼聰明伶俐」。花點時間好好感受一下，被感謝的感覺多麼美好，尤其是感謝你自己有實力和能力戰勝人生的艱難。

以下是我在日常生活中偷偷加入小小感恩時刻的幾個方法，你可以親自嘗試看看：

- **感恩分享：**我喜歡拍下日常生活中為我帶來喜悅或讓我心懷感恩的事物，然後將這些照片傳送給朋友們。這幫助我強力維繫與朋友之間的社交連結，我也把它當作方法，散播感恩與正能量給我關心的人們，在總是紛亂的生活中以眞誠滋養彼此的情誼。在我手機裡，最新的三張「感恩分享」照片是：我的救援狗狗班迪嘴裡叼著牠的小黃鴨玩具；在新的一年，我看見的第一隻蜜蜂；店裡有我最愛的椰子口味氣泡水。

- **「不是贏，就是學到一課」**：我看過這句話的引用出自幾個不同的來源。它的重點在於，學習從不同的視角看待挑戰。仔細回想你最近面對的某個困難，試著寫下從中學到的一則重要教訓。這個練習幫助你重新架構挑戰，視之爲機會，而不是障礙。當你面對人生的挑戰時，例如，疾病或財務困境，可能很容易陷入「本來可以怎樣」或「本來應該怎樣」的負面思維中。這個練習有時候很難，但是勤加練習，它可以幫助你即使在困境中，也能培養感恩與欣賞的心態。
- **爲今天喝采**：也要歡慶那些微小的勝利。無論是某項重要的專案取得進展，或只是熬過艱難的一天，都要花時間歡慶你的所有成就。

感恩是強而有力的實作法，可以爲我們的人生帶來更多的喜悅，而且有許許多多的方法可以將它融入你的日常作息中。以上的建議只是起點。如果你與上述這些方法沒有共鳴，加州大學柏克萊分校的「大善科學中心」（Greater Good Science Center）是你探索更多想法的絕佳下一站。

填滿你的勇氣罐

勇氣罐可以是強而有力的方法，在艱難時期動用你過去的成功經驗，提升你的自信與勇氣。你的勇氣罐可以是一只梅森罐（Mason jar）、一個盒子或任何其他容器。我的勇氣罐是一只維多利亞風格的華麗「怪東西」，那讓我感覺好像自己是老伯爵夫人，住在滿是藏書與鬼魂的城堡裡。這個想法是：每當你做了有勇氣的事，就簡單記錄下來，放進你的勇氣罐。

然後，當你需要激勵，或在某個預先設定的日子當天，就可以把罐子裡的所有紙條拿出來，讀一讀你曾經如何勇敢地生活過。我喜歡結合自己的勇氣罐與儀式的力量，在每年年底閱讀罐子內的紙條，然後在元旦當天開始重新填滿勇氣罐。

感恩是強而有力的實作法，
可以為我們的人生帶來更多的喜悅，
而且有許許多多的方法
可以將它融入你的日常作息中。

可能很容易小看或忽略自己每天如何勇敢。但是保留「勇氣罐」的作用，就像不斷有個視覺提醒，讓你看見自己在邁向活得更大膽的旅程上，已經走了多遠。經常往勇氣罐內添加內容，不僅可以增強自尊心、減輕壓力，還能在你需要的時候，提供正向的強化，幫助你駕馭焦慮和抑鬱。

此外，把正面的事寫下來這個動作本身，就可以幫助你在頭腦中鞏固並肯定那件正面的事，讓你可以在面對艱難時提升韌性。擁有具體、日常的勇氣提醒物是關鍵——只需花一分鐘寫下某件正面的事，就有助於鞏固這些感受，並讓它們隨著時間的推移變得更持久。

玩樂的力量

你上一次玩耍是什麼時候呢？

不是啦，傻瓜，我不是在說滑社群媒體或瘋狂追劇。我說的是眞正、純粹的玩樂時光。

請你暫停一下，回想童年的快樂時光，那些整天都在玩耍的日子。當我這麼做的時候，我想起自己在小彈跳床上跳躍，感覺到自由自在。或是玩著我的芭比娃娃泳池玩具，那件事只被當作難得的獎勵，因爲我會把客廳弄得濕答答（別問我爲什麼海倫媽媽不直接把我趕去陽台玩）。或是我會在斑駁的陽光下盪鞦韆，直到天色變暗。

人生的要求越來越多，我們花在玩樂上的時間卻越來越少，事實上，刻意騰出時間玩耍，其實可以幫助我們更好地應對人生中讓人驚恐與苦惱的日常挑戰。努力工作與追求生產力會耗損我們，而自由不受限制的玩耍可以是撫慰身心的良藥，因爲它逐漸活化前扣帶皮質，從而改善我們調節情緒的能力。前扣帶皮質在腦部的位置非常特殊，它既連結邏輯驅動的前額葉皮質，也連結情緒驅動的邊緣系統。在我們如何將人生體驗當作恐懼記憶下來的過程中，前扣帶皮質扮演關鍵的角色。

簡言之，啓動你的前扣帶皮質可以改善調節情緒的能力，幫助你更好地處理個人的恐懼。

遊戲類型應該要是你眞正喜歡的，激發總體來說偏正向的情緒反應。當然，有時候可能會有挫敗感，尤其是在技能養成期間，但整體而言，你應該要在玩樂結束時感受到愉悅與重生。額外加分的是，如果你能夠進入心流狀態，也就是太過投入而忘記時間，那就更好了，因爲，心流所在之處，恐懼無法跟隨。

人生的要求越來越多，
我們花在玩樂上的時間卻越來越少，
事實上，刻意騰出時間玩耍，
其實可以幫助我們更好地應對人生中
讓人驚恐與苦惱的日常挑戰。

玩樂是抑鬱與焦慮的解方

玩樂不僅提供我們樂趣與放鬆，還有許多心理上的益處，可以幫助我們在日常生活中變得更有勇氣。研究顯示，定期參與玩樂型活動的成年人，其抑鬱與焦慮程度低於沒有從事玩樂型活動的人們。無論你的玩樂形式涉及藝術創作或音樂演奏、遊戲比賽或運動，只要是主動參與，玩樂型活動都有助於減輕壓力、改善心理健康。重點是要注意，只有當你是玩遊戲的那個人，才會收穫這些好處，而不是只看著別人玩。

玩樂時，也會啓動我們的「預設模式網絡」（Default Mode Network），這與更浩瀚的思維、同理心、想像力、創造力有關聯。透過「功能性核磁共振」研究，研究人員能夠觀察到兩組彼此互動、功能截然不同的腦區：「預設模式網絡」與「任務正向網絡」（Task Positive Network）。爲方便說明，我會簡稱它們是「預設模式」或「任務正向」。這兩個網絡以相互對立的方式運作，意思是，其中一個活躍時，另外一個就不活躍。當我們聚焦在待辦事項（任務）、企圖運用邏輯解決問題，或是在意感知到的威脅，我們的「任務正向」便掌控全局。當這事發生時，「任務正向」往往啓動你的交感神經系統，讓你感到有壓力。

找到你的心流狀態

你是否曾經在做著某事的時候，不知不覺地忘了時間？那事不容易，但你覺得有自信可以完成？如果曾經有過這樣的經驗，你當時就是處在心流狀態。

由米哈伊・契克森米哈伊（Mihaly Csikszentmihalyi）與珍・中村（Jeanne Nakamura）推廣的「心流」，被定義成一種動態均衡的狀態，在此，你的技能和能力與你所面臨的困難或挑戰達到和諧一致的狀態。當你進入心流的時候，你的能力始終如一地符合眼前設定的任

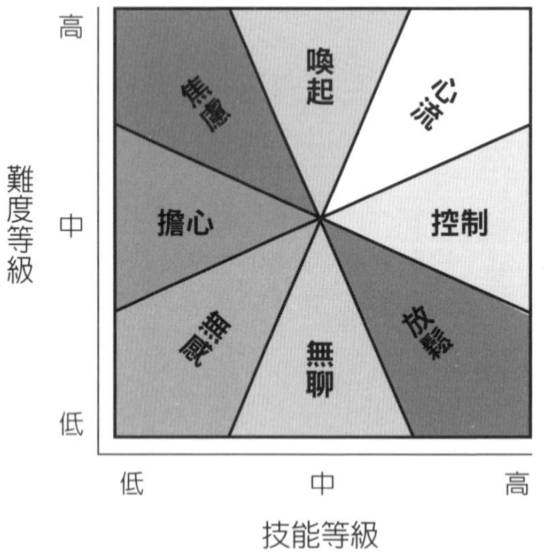

務，於是你既不會感到無聊，也不會覺得不堪負荷。

從音樂演奏到體育運動，從健行到打電玩，只要是為我們帶來喜悅且提供適度挑戰性的活動，都可能使你進入心流狀態。除了心流狀態所帶來的愉悅，研究也顯示，心流狀態可以降低整體的壓力與焦慮，因為腦部無法同時處在恐懼狀態與心流狀態中。

心流所在之處，勇氣隨之而來。

簡言之，啓動「預設模式」等同於廣大、浩瀚的思維與想像，伴隨較少的壓力感；啓動「任務正向」意謂著「完成任務」模式，於是變得有壓力，高度聚焦在威脅與任務。

玩樂啓動「預設模式」（因此關閉「任務正向」），讓人轉移注意力，不再陷入負面思考模式，也讓自己的焦點遠離感知到的威脅，從而幫助減少恐懼。恐懼的思維往往使我們陷入擔憂和焦慮。藉由不帶野心地投入總體來說是正向的玩樂活動，例如，遊戲比賽或藝術創作，我們的注意力會轉向，遠離這些負面的思維，轉向更爲愉悅且提振人心的事物。這讓我們能夠享受當下，而不是擔憂未來。

與他人好好玩耍

玩樂時，我們的大腦釋放多巴胺與血清素，讓我們感到比較放鬆和快樂，可以降低我們的壓力水平。作爲額外的好處，當我們與他人一起玩遊戲的時候，大腦便釋放催產素，這是信任與連結的激素，幫助我們與周遭人建立更牢固的關係，同時進一步增強玩樂的減壓力量。玩樂時，我們可以減少恐懼喚起，這讓人更容易接通自己的創意和能力，為自己遇到的重大問題想出創新的解決方案。透過玩樂，我們學會如何在不感到不知所措或畏懼退縮的情況下承擔風險，這可以轉化成在人生其他領域更有能力承擔風險。

玩樂也鼓勵社交互動，因此有助於減少與恐懼相關聯的孤立和寂寞感。透過玩樂與他人共享經驗的行爲，可以建立社群感，幫助減弱典型與恐懼情境相關聯的不安和脆弱感。當我們感覺被身邊人所理解，這幫助我們在整體上感覺比較有保障且比較不害怕。

藉由不帶野心地投入總體來說是正向的玩樂活動，
例如，遊戲比賽或藝術創作，
我們的注意力會轉向，遠離這些負面的思維，
轉向更為愉悅且提振人心的事物。

「你想什麼，就會成爲什麼」

這句話的某個版本曾被認爲出自多個不同的來源，從佛陀，到西元前第三世紀的雅典斯多葛派哲學家，到拉爾夫．沃爾多．愛默生。無論眞正的來源是誰，這句話所傳達的眞理影響著人類認知的每一個層面，尤其是情緒。

早期對這個主題的看法，是將情緒與認知完全區分成兩套不同的系統。現在我們更清楚地理解到，兩者之間其實是高度互動的，我們的情緒對我們的感知、注意力、學習、記憶、推理、問題解決（統稱爲「認知」），造成重大的影響。你可以把「認知」想成一套著重主動出擊、具前瞻性的系統，而「情緒」則是活在隨性反應的國度中。

我們如何感知世界，以及我們自我對話的方式，對自我人生的各個層面均會產生實質的影響。而馴服自己內在的獨白可是非常困難的。我們確實透過思想的力量創造自己的實相，然後運用那些思想塑造我們是誰以及將會成爲什麼樣的人。我們可以運用

> 我們可以運用思想來鼓勵自己、
> 建立自信、減少恐懼和焦慮，
> 最終活得更有勇氣且更少恐懼。

思想來鼓勵自己、建立自信、減少恐懼和焦慮，最終活得更有勇氣且更少恐懼。思想可以對我們的生活方式產生強大的影響，要麼是令人癱瘓的力量，要麼是具支持作用的蛻變機制。

螺旋型的思維日誌

不足為奇的是，當我們的恐懼被喚起時，往往會陷入同樣的負面思維模式。要設法在開始負面的自我對話時察覺到這點，然後以真正的螺旋形狀寫下你對自己說的話。當然，你可以把這些話輸入到你的記事本功能中，但是用一種平時不會記錄的方式（例如螺旋形）實際動手寫下來，這個動作可

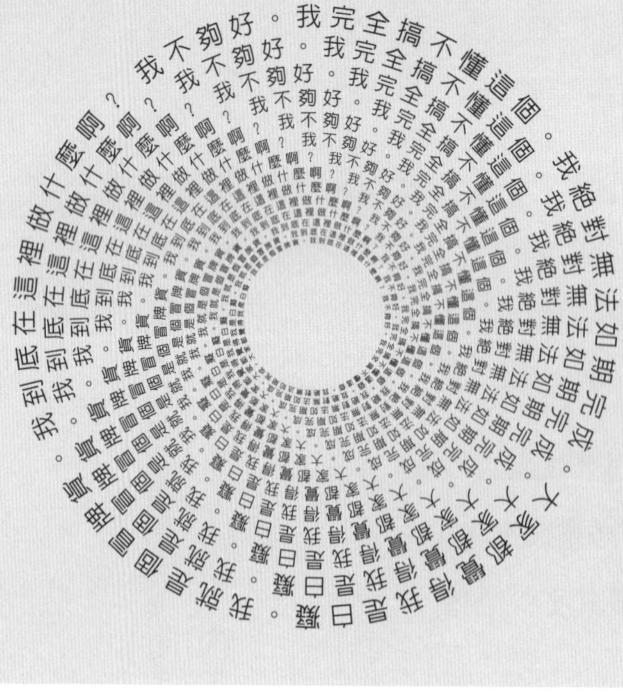

以帶來你所需要的震撼，幫助你跳脫那個模式。其實，可以是任何形狀，但螺旋形特別能提醒你：你並不等同於你的負面思維，不要相信腦中所有的念頭。

相信就能實現：畢馬龍效應

我童年最愛的童謠之一是大家耳熟能詳的：「棍子和石頭可能會打斷我的骨頭，但是言語永遠傷不了我。」

很抱歉要說的是，這句話根本是謊言！我們對待彼此和自己的說話方式和行爲表現，絕對大大影響我們成功的能力。

「畢馬龍效應」（Pygmalion Effect）是一種心理現象，最早由羅伯特·羅森塔爾（Robert Rosenthal）和雷諾·雅各布森（Lenore Jacobson）提出，它揭示信念的力量。在他們的雙盲研究中，研究人員告訴參與實驗的老師們，某些學生屬於「智力晚開」，儘管他們早期的表現不佳，但研究人員預測，這些學生最終的表現會超越目前的優等生。當然，這根本是謊言，但參與研究的老師們並不知情。眞相是，這些獲選爲智力晚開的「未來天才」學生完全是隨機挑選的，目的在測試他人的觀感對個體表現的影響力。

老師們懷著這個「祕密」在接下來的學年繼續教學，他們「知道」哪些學生是智力晚開的未來天才，哪些只是普通人。老師們開始以不同的方式對待「被選中」的學生。他們不再將這些人視爲實驗介入之前認定的表現不佳學生，反而把他們看作超級明星，只是需要多一些鼓勵和支持。結果，這些從前備感艱辛的「被選中者」最終的表現超越了同儕，這證明，期待確實能夠塑造結果。

別人如何對待我們，以及我們對自己的觀感，具有文獻記載的實證力量。

本質上，這項研究是許多後續研究的起點，它指出：我們對他人的信念或期待，可以影響對方的行爲，使對方的表現符合我們的信念。這可以說是自我實現的預言，這種現象出現在教室裡、職場上以及各種類型的關係中。

雖然這個概念源自於教育領域，但它其實適用於人生的各個層面。舉個例子：一位信任且支持團隊的經理，相信自己的團隊

> 假使你可以將你的期待從奠基於恐懼轉化成奠基於勇氣，
> 你對待自己和他人的行為也會反映那些期待，
> 帶來比較勇敢的選擇和更有勇氣的心智。

中沒有人是弱點，與一位事事插手，認爲除了自己，其他人都不稱職的主管相較，前者更有可能培養出創造力強、表現出色的團隊，因爲她認爲團隊成員有價値、有技能、有才華。而後者的團隊很可能不信任且充斥怨懟，導致成員欠缺動力，無法充分發揮自己的才華與技能。

你認爲哪一個團隊會有更好的整體成果呢？

你對自己和他人的信念與期待，顯然在你未來的成功中扮演重要的角色。我們天生會努力符合他人的期待，原因很簡單：我們渴望來自他人的贊同與認可。此外，身邊有比我們更有能力的人在時，我們的表現可能也會不一樣，那也可能激發我們的內在動力，讓自己成長。再者，如果我們認爲某人可以做大事，往往就會提供比以前更多的資源和機會，那可以進一步幫助對方發揮潛力。

你對現實的感知擁有驚人的力量。你發現有哪些來自你自己和你所信任的他人的期待正在限制你呢？你該如何重寫那些限制性的期待，把它們改寫成比較有力量的東西呢？假使你可以將你的期待從奠基於恐懼轉化成奠基於勇氣，你對待自己和他人的行爲也會反映那些期待，帶來比較勇敢的選擇和更有勇氣的心智。

言語當然有力量傷人，但言語也有強大的療癒力量。

重新建造與重新架構

我第一次談論「重新架構」（reframing），是在倫敦的TEDx觀眾面前，演講的主題是「無所畏懼的迷思」（Myth of Fearlessness）。爲了這場演講，我無數次地重寫我的講稿、修改投影片，甚至連穿搭也反覆調整。前一位講者上場時，我等在側台黑暗處，讓工作人員幫我把領夾式麥克風別到我的洋裝上。距離我上台只剩一、兩分鐘時，我的麥克風卻突然壞了。整組設備必須迅速更換，而這樣的技術故障導致製作助理手忙腳亂，於是在拆下壞掉的麥克風時，連帶把我洋裝背後的扣子也一併解開。當時我站在開放的側台等待，如果觀眾側頭看過來，是看得到我站在一旁的。

我尖叫了一聲，趕緊抓住背部的洋裝，而製作助理則一邊壓低嗓音道歉，一邊設法「幫忙」，他一手幫我把洋裝穿好，另一手拿著麥克風。離我上台只剩二十秒，我慌亂地把洋裝穿好，製作助理幫我戴上新的麥克風。沒有時間測試設備，也沒有時間讓自己重新調整心情，我就被叫上了舞台，當時我覺得，自己可能會昏倒在滿場的觀眾面前。

我強迫自己邁出早上硬將雙腳塞進去的小鞋前進，當時，我的杏仁核唯一想做的卻是往後跑，而我的內心獨白大概像這樣：「我無法相信剛剛發生了那件事。那是不祥之兆。我什麼都記不得了。我又笨又醜，根本應該轉身下台。我後背上的洋裝扣好了嗎？我要當著整場TED觀眾的面走光嗎？大家一定會討厭我。好吧，那我乾脆昏倒算了。」

還好，親愛的讀者，我並沒有昏倒。

我聽天由命，右腳趾踏上標示了我應該站立的那個X位置，望向黑暗的觀眾席，而且終於想起，知道我該怎麼做。我有工具。

在觀眾拍手的幾秒鐘期間，我快速地重新架構，把那一連串的負面自我對話轉化成一句簡單的座右銘：

「把那份強大的能量送給觀眾。把那份強大的能量送給觀眾。」

說這句話不僅讓我停止了不斷上升的恐懼喚起，還幫我把焦點從當下的體驗，轉換成服務他人的角色，爲當天出現在現場、與我分享時間和精力的觀眾們服務。我讓身體的感受脫離感覺卡在自己體內的恐懼，轉變成我想要分享的正向能量。重新校準了剛剛發生的事，從有可能變成災難式的大混亂，轉變成一次服務他人的機會，讓我可以準時開講（而

重新架構並不是

把每一個負面的想法變成正向的思維，

它的重點在於：

將無用的想法帶進現實的光之中。

且沒錯，事實證明，我的背後完全沒有走光，無論是實際狀況還是就象徵意義而言）。

「重新架構」是一種認知技巧，可以主動地改變一個人對某個體驗或情境的視角。它鼓勵你從不同的角度看待事件，讓你的焦點離開問題，轉向解決方案。重新架構並不是把每一個負面的想法變成正向的思維，它的重點在於：將無用的想法帶進現實的光之中。與其找到光明面，倒不如找到意義。「有毒的正向」是「無論發生什麼事都始終不擔心、要開心」的心態，這種心態長期下來既令人疲憊又毫無幫助，因爲它讓人養成忽略或否定自己情緒的習慣。「重新架構」講的是：體認到你人生中的可怕事件而且以不同的方式回應。

認知的「重新建造」（restructuring）與「重新架構」非常相似，兩個概念都涉及心態的轉換，從不同的視角看待情境。這兩個詞彙時常互換使用，因爲兩者都用來修正錯誤或扭曲的信念。差異在於如何看待每一個概念。「重新架構」往往被視爲可以靠自己完成的東西，因爲你重新定義自己的經驗。兩相對照下，「重新建造」往往被視爲某個治療程序，涉及步驟和落實，由專業人士在治療情境中執行。

「重新架構」的第一步，是觀察並記錄觸發恐懼反應的時刻和情境，藉此識別自動化思考。面對那個情境，你浮現了哪些念頭呢？那些念頭出現之後，你感受到哪些情緒呢？你採取了什麼行動？

一旦識別出你的恐懼或不合理的信念，就可以挑戰那些錯誤的觀念，並在重新架構你的自我對話時，用比較切合實際或具支持作用的觀念取而代之。以下是幾個選項：

一、**自我肯定語**：遭遇艱難的情境時，要自我對話。（我很喜歡重複說：「我很安全。」）

二、**一步一步來**：把讓你感到壓力過大的任何事分解成比較小、可管理的部分，那樣看起來好像就不會那麼嚇人。

三、**把你的杏仁核想像成有個性的角色**：另一種重新架構的方法是，把你的杏仁核擬人化（或賦與其生命），成為某個角色。之前說過，我是超級漫威迷，所以我把自己的杏仁核想成過度保護、有時候笨手笨腳的雷神索爾，這幫助我重新架構自己的體驗。當我把解剖學上的恐懼喚起反應核心從「我」的定義中分離出來，並將它轉變成一個角色，我就可以輕而易舉地與它對話。譬如，我可能會說：「好了，索爾，冷靜點，你現在可以不必那麼咄咄逼人了，大家都很安全。」或是：「好啦，索爾，用不著把這裡的氣氛搞得那麼緊張啦，大家都很安全。」我知道這可能聽起來很蠢，但那才是重點。讓玩樂取代恐懼，其實很有力量。

重新改寫童話故事

當你想到「童話故事」的時候，腦中會浮現什麼畫面呢？

在迪士尼將《仙履奇緣》或《白雪公主》改編成動畫經典之前，這些故事以及數百則其他故事，其實是由兩位民俗研究者威廉・卡爾・格林（Wilhelm Carl Grimm）與雅各・路德維希・卡爾・格林（Jacob Ludwig Carl Grimm）蒐集的，他們合稱爲「格林兄弟」。一八一二年至一八一五年間，格林兄弟展開了蒐集並研究那些捕捉到德國人民的想像力與信念的故事。他們整理了這些絕大部分口述的故事，出版了著名的作品《兒童與家庭童話集》（德文原名：*Kinder- und Hausmärchen*），也就是《格林童話》（*Grimm's Fairy Tales*）。除了作爲具娛樂性的逃避現實工具外，《格林童話》世代相傳，用來教導年輕讀者勇氣與堅毅等價值觀，激發他們的想像力，幫助他們以淺顯易懂的方式理解艱深的概念。

在下方的練習中，你要善加利用我稱之爲「童話改寫」（the fairy tale rewrite）的力量來增強你的勇氣。這裡的概念是：從你的過去找出某段以恐懼爲基底的「起源故事」，好好檢視，然後從客觀的第三人稱視角，以有勇氣的全新結局改寫這則故事。這位慈善的作家希望涉及的所有角色都能有最好的結果，尤其是你這位英雄。

我會一步一步地帶你走過這個過程，用我自己的童話改寫作爲範例，看看你的故事如何開展。就算你覺得創作這樣的替代性故事有點傻或不太眞實，它仍然可以強化你的前扣帶皮質，藉此增強你的勇氣。

步驟一：寫下糟糕的初稿

在《寫作課：一隻鳥接著一隻鳥寫就對了》（*Bird by Bird*）當中，作者安・拉莫特（Anne Lamott）介紹讀者認識「糟糕的初稿」的概念，以此作爲方法，穿越完美主義，改善你的寫作。在步驟一，你要寫出以恐懼爲基底的起源故事的糟糕初稿，那是你生命中某個關鍵時刻的故事，它沒有發展得如預期中那麼順利（也許甚至是徹頭徹尾的悲劇），而且它在某方面限制了你的自我信念。

我的恐懼故事回溯到三年級，不過我現在還可以鉅細靡遺地記得發生了什麼事。我是那種牙齒問題特別多的倒楣小朋友，包括顎部太小，無法容納所有的恆齒。不過，還算幸運，我有不錯的牙齒保險，那意謂著，我的上顎區裝了一個「擴張器」。那根本是中世紀的刑具，海倫媽媽每晚都必須將一把小鑰匙插進去，趁我睡覺的時候微微擴展上顎的寬度。剛裝上去時，我努力要把話說清楚，直到習慣了嘴裡有這個陌生的東西。就這樣，每次我開口說話，聽起來都有點像有人用手指握住了我的舌頭。

在我三年級的教室裡，有一項超讚的特權是，當學校辦公室打電話來的時候，可以由某位學生負責接聽班級電話。身爲愛說話的小孩，我超愛完成這項任務。然而，在我裝上顎部擴張器的隔天，我的老師因爲我說話的方式而當眾排擠我，那份接聽電話的熱情從此熄滅。

當時我接起電話，完美地重複了班級規定的應答詞，然後，老師卻當著滿滿一教室的學生大聲喊道：「瑪莉，別接電話。你講話好好笑。」

那一刻，我當然希望自己在別的地方，只要不在那裡就好。我的兩隻小手緊緊握著電話聽筒，教室裡三十雙眼睛審判似地盯著我看，因爲我被教室裡最受尊敬的那個人排擠了。諸如此類的時刻，影響了我們對自己和世界的觀感。這些觀感可能會陪伴我們數十載，直到我們重寫這些觀感爲止。

在這個練習中，從你的人生找出一則你想要改寫的恐懼故事，類似我的「你講話好好笑」故事。這可以是一則多年來在你腦海中揮之不去的故事，或是一則一直主宰你的思緒的新故事。它可以是一句簡短的陳述，你認爲那是關於自己或這個世界的眞相，也可以是較長的敘述。快速記錄浮現在腦海中的任何想法，寫下你的恐懼故事來自何方。一開始，先寫下「糟糕的初稿」，敘述你發生了什麼事。以第三人稱把你的故事寫下來，讓你變成某個角色。

舉例：

某天，一位名叫瑪莉的小女孩必須在口腔的上顎區裝上牙齒矯正器，因爲她的口腔太小，容不下長出來的所有恆齒。小女孩愛笑、愛說話、愛唱歌。剛裝上矯正器的時候，感覺很奇怪，而且當她說話時，聽起來有點不一樣。但是她沒注意，在户外玩了一整天。

隔天上學，令人非常興奮的事情發生了。教室的電話響起，她是離電話最近的學生，意思是，她必須接電話。她遵照老師教導全班的所有規則拿起話筒，說道：「哈囉，這裡是珍妮老師的教室，我可以幫您什麼忙呢？」突然間，珍妮老師從教室另一頭好大聲喊道：「瑪莉，別接電話，你講話好好笑！」

小女孩呆站原地，手裡拿著那支有捲曲電話線的米色電話，全班同學都轉頭看向她。珍妮老師猛地從瑪莉手中搶過電話，指著她的座位，示意她回去。在同學們的注視與竊笑中，她低著頭回到了座位上……沉默加難過。最終，小女孩學到，開口用自己的聲音說話，會招來掌權者的憤怒與同儕的冷眼。那天她發誓，從此絕不再在課堂上或任何地方開口。

草草改寫版

選擇一段你希望當時能更勇敢面對且有更好結果的難忘事件。然後回答以下提示：

- 回想那段記憶，你的哪一項優點在當時特別突出？
- 既然你選了這段記憶作爲你的第一段經驗，那它一定有值得學習的地方。把你可以從中學到的功課列出來。
- 在那段經驗中，有沒有哪個特定面向是你有可能感到自豪的？你當時做對了什麼？
- 最後，想像一個不同的現實。如果可以回到當時，你會如何改變自己的想法、反應或行爲？盡情發揮想像力，仔細斟酌，如果你有力量重寫這段經驗，它會變成什麼樣子。

步驟二：勾勒新故事的細節

既然已經寫好「糟糕的初稿」，就要爲你的新故事勾勒大綱。目標是保持簡單和直接，就像寫故事給小朋友看一樣。所以，請省略華麗的辭藻，將你的故事精簡成以下的基本部分：

你的主要角色：確認你的主要角色，包含正派與反派。身爲主角（好人），你應該是勇敢又機智的英雄，同時故事中的反派（壞人）則應該是難對付但可以被擊敗。這些「好人」與「壞人」角色，應該要展現出與其角色相符的特質。例如，反派可能展現出自私或貪婪，而主角可能善良或慷慨。眞實的人類很複雜，但是基於這個練習的目的，我們希望自己故事中的角色簡單鮮明。

在我的故事中，我確認的角色有瑪莉公主（我自己）與邪惡皇后珍妮（我的老師珍妮）。

你的魔法場景：童話故事需要魔法或奇幻元素。這可能以魔法生物的形式出現，例如，小仙子或會說話的動物，不然就是被施了魔法的森林或海底王國之類的奇幻世界。旅途中，英雄可能會遇見魔法生物或有助力的夥伴，這些角色會在旅程上協助英雄。加入這種程度的奇幻想像，有助於淡化你對這則帶有深度個人情感故事的恐懼或羞愧感。

我的魔法場景：我腦海中浮現的景象類似於「哈利波特」在「霍格華茲」的城堡教室。

你的目標與障礙：在你的故事中，應該有你必須克服才能完成旅程的障礙，例如，惡龍或邪惡女巫，一心想要阻撓你的努力。此外，你的主角爲了幸福結局而努力的那個明確目標是什麼？你可以把這設定成一個具體的目標或一個象徵性的目標。

我的目標：與他人分享我的聲音。我的障礙：邪惡皇后珍妮傷人的言語。

你的蛻變：童話本質上就是關於「蛻變」。一個完整有力的故事，應該要帶領主角從某個狀態轉變到另外一個狀態，往往是離家追尋探險，最終凱旋歸來。

我的蛻變：我想要重寫我的蛻變，從我害怕自己說話的聲音聽起來不夠恰當／不夠好，到「即使聲音顫抖，我也要直言不諱」，這段話引用自作家暨社會活動家瑪姬・庫恩（Maggie Kuhn，譯注：一九〇五年至一九九五年）。

你的全新幸福結局：最後，你的故事應該畫下圓滿的句點，而且必須是正向的結局，有助於將這個事件重寫成正向的結果。對你的童話改寫來說，幸福結局必不可少。畢竟，典型的童話故事最後都是反派被擊敗，主角比故事開始時更幸福。要發揮想像力，爲你的故事寫出最幸福、最勇敢的新結局。

我的全新幸福結局：不再感到尷尬，不再羞愧地縮回座位，從此再也不在課堂上開口說話。我的全新幸福結局是：瑪莉公主當場挺身對抗邪惡女王，堅強而自豪地說：「我說話就是這個樣子。這就是我。我有資格跟別人說話。」

步驟三：重寫的時候到了！

這一步的重點是，把你拉出來，脫離以恐懼爲基底的老舊故事，然後以經典童話故事的結構重寫。從「很久很久以前」開始，來到「然後發生了這件事……接著又發生了這件事……最後＿＿＿＿。」類似於你的糟糕初稿，你重寫的童話故事應該以第三人稱撰寫，把「你」設定成某個角色。將你的恐懼故事重寫成童話故事，用意在於，這種形式讓你比較容易對主角（你自己）產生慈悲心，挑出不公不義之處，同時想像，當女主角（你）勝利時，接下來的新篇章會是什麼樣子。

運用童話故事重寫，我的新故事看起來像這樣：

很久很久以前，一位小公主名叫瑪莉。由於她的口腔太小，沒有足夠的空間容納所有長出來的恆齒，因此不得不在口腔的上顎區裝上一個看起來邪惡的牙齒矯正器。瑪莉愛笑、愛說話、愛唱歌。剛戴上矯正器的時候，感覺很奇怪，講話時聽起來有點不一樣，但是她沒理會，當天剩餘的時間都在花園裡玩耍。

隔天上學時，令人興奮的事發生了。魔法城堡教室裡的電話響了起來，而且，因爲她離電話最近，她有幸可以接電話。她依照老師教導全班的所有規則接起電話並開始說話。突然間，從教室另一頭，邪惡皇后珍妮用如雷貫耳的聲音大吼道：「瑪莉，別接電話！你講話好好笑！」

瑪莉公主知道自己的價值，也知道自己聲音的力量，不管她講話的聲音聽起來多麼好笑。她都挺胸站好，說道：「我說話就是這個樣子，這就是我。我有資格跟別人說話。教室裡的每一個人都有資格說話。」邪惡皇后很震驚，嘴巴微張，一個字也說不出來。其他學生響起熱烈的歡呼，齊聲高喊：「我們有資格！我們有資格！」邪惡皇后默默離開教室，沒再說一個字。

好啦，輪到你了！請重新改寫你的恐懼故事，加入一位簡單的英雄、一個反派角色、想要的事物，以及至少一個英雄被攻擊、受考驗、有人幫忙或有人挑戰的場景。你的改寫可長可短——這是你的故事，請用你想要的方式說出來。只要確定以第三人稱撰寫故事，而且不要忘記幸福快樂的結局。

你沒有缺陷：你不破碎

當專業的心理治療脫離佛洛伊德主導的「痛苦的情緒全都源自於你的童年經驗」模式，轉變成「我們的想法影響我們的感受」的「認知行爲療法」（CBT）模式，我們對人類情緒體驗的看法掀起了一場革命。

早期的心理學大部分建立在錯誤的前提上，認爲人類的心智既軟弱又破碎。但這與眞相相去甚遠。當然，確實有心智的病態與障礙，那需要的支援不是一本書所能提供的。但是如果將心態從「修理一台壞掉的機器」，轉變成「學習如何優化你獨特而強大的腦子」，就會產生力量。而優化腦子運作的方式之一是透過你的思想。

當你改變你的思想，你就改變了你的情緒。

對於人生的高低起伏和迂迴曲折，我們始終會有情緒反應。但是我們如何對情緒做出反應以及用來應對情緒的工具，卻在我們的掌控之中。賦予自己轉換思考模式的力量，你就可以改變自己感知恐懼和勇氣的方式。你可以在自己內在徐徐注入某種「自

賦予自己轉換思考模式的力量，
你就可以改變
自己感知恐懼和勇氣的方式。

我效能」（self-efficacy）感，幫助自己看見實際可行的步驟，從而更堅定地相信自己有能力挺過你所遇見的任何恐懼風暴。

你掌控著自己的人生故事。既然你已經具備了覺知和知識，你會成爲什麼樣的人呢？

第11章

更有勇氣的明天

「我相信自己強而有力，因此我存在。」

——《恐懼王國》（*Kingdom of the Feared*），
凱莉·曼尼斯卡爾科（Kerri Maniscalco）

當我們學會活出更大膽、更勇敢、更有勇氣的自我版本時，會出現哪一種世界呢？不妨想像一個實相，在此，每一個人都勇於承擔必要的風險，好讓自己的夢想成眞。那是一個人們被彼此的故事啓發、大家相互支持、爲對方的成功喝采的世界，在這裡，沒有人害怕勇於發聲、展現自己或嘗試新鮮。

當我們展現自己的勇氣時，我們的整個世界變得更爲堅強且更有韌性。我們可以對抗以恐懼爲基底的故事，努力解決全球的重大課題，例如，環境永續、貧窮、性別平等、種族歧視等等。此外，承擔風險幫助我們變得更有創造力且更具創新性，而那正是解決重大問題時所需要的。我們可以研發出改善人們生活的新產品、新服務、新科技。無論是找到疾病的治療法，或是開發可再生能源來化解氣候變遷問題，每一個新的想法都有潛力造福整個社會。

就個人而言，活得勇敢意謂著，願意面對不舒服的情境，以及願意進行艱難的對話。這表示，我們在知道事情出錯時敢於發聲，也懂得共同合作，找到解決方案。當你有勇氣直接面對自己的恐懼時，你就爲周遭一切創造一個理解、尊重、有同理心的環境——這些是創造和平世界、讓每一個人被有尊嚴和受尊重地對待其不可或缺的特質。

現在，想像一個世界，在此，人人自在地應對心中最大的恐懼，而不是否認或潛抑，然後將這些情緒發洩在自己或他人身上。我們可以做出艱難的決定，不讓對失敗的恐懼驅動我們的選擇。資源會以有意爲之且具創意的方式分配，而不是出於擔憂或懼怕。學校會優先推動側重批判性思考而非死背硬記的課程；職場會更少毒性且更具生產力。簡言之，對每一個人來說，我們的社區會更強大、更健康、更有活力。

在你的整個人生中，你面對過許多挑戰，考驗了你的勇敢和韌性。無論你認爲自己在那些時刻表現如何，都要自豪你經歷過某些艱難的時光，而如今，你依舊活得有勇氣，即使感覺並不是這樣。

因爲閱讀本書，你現在對於「恐懼與勇氣之間的弔詭」有了更深入的理解，也擁有將每一個勇敢時刻轉變成持久改變的智慧。你現在擁有需要的工具，可以勇敢投入不適並承擔風險，即使一開始感覺令人卻步，但你有自信，知道你足夠信任自己，可以做出有勇氣的抉擇。那麼做帶來的獎勵遠遠大於停留在你的舒適圈中。

當我們活得更有勇氣時，就能達成目標、學習新事物，引導自己的人生邁向最有意義的「個人北極星」。我們與自己、與他人的關係會變得更健康。擔憂過去或未來不再主導我們的日子或左右我們的決定。

邁向勇敢生活的旅程並不容易，但它是一條值得走的道路。

活出勇氣的支柱

請記住，勇氣並不是你「有」或「沒有」的東西——它是持續進行的歷程，需要練習、承諾、韌性、自我慈悲。這正是「活出勇氣的支柱」登場的時候：這些是要努力追求的原則，不是要力求完美的事，而是要欣然接納的東西。在考慮承擔風險和願意犯錯時，要將這四個簡單的觀念牢記在心，而且要感謝那些讓我們學到功課的跌撞經驗。

支柱一：擁抱脆弱

脆弱是願意敞開面對自己與你信任的人們。當你不怕評斷或批評，誠實面對自己的感覺和情緒時，這事便發生了。當你擁抱自己的脆弱，包括你的恐懼、你的不安全感、你的擔憂，你就允許自己被看見和聽見。這同時也准許你周圍的人們，在更深入的層面理解你、與你共鳴。

對成長來說，脆弱是必要的，因爲它挑戰我們變得更堅強、更有智慧。我們可以選擇大膽地面對挑戰，勇敢而不恐懼，接納失望和尷尬之類難熬的情緒，不設法掩蓋或忽視它們。展現脆弱感覺風險很高，因爲確實如此。卸下重重防備，與他人分享眞實的自我，或是全然誠實面對自己，可能很困難。但是若要眞正活得有勇氣，當我們眞誠地面對自己和他人時，就必須卸下面具。

支柱二：在不確定中找到力量

人生是不確定的，這點不會改變。我們無法預知未來，但我們可以學會擁抱不確定以及在其中找到力量。由於我們天生偏好確定和結構勝過模稜兩可，因此不確定的情境可能會使我們想要退縮或封閉。當我們不確定時，頭腦往往會過度運轉，開始構想最糟的情節，想像可能的後果，而那往往與現實嚴重脫節。

但是當面對不確定時，與其像往常一樣隨性反應，不如後退一步，好好觀察。這可以幫助你保持腳踏實地，安住在當下，而不是活在假設的未來中。感到沒有把握很正常。然而，有力量專注在自己可以掌控的事情上，並將注意力移開你無法掌控的事，這讓你可以建立更大的力量和韌性。

支柱三：培養自我慈悲

當你犯錯或遭遇困難時，要設法始終對自己多些善意和理解。當你體認到自己的痛苦並帶著慈悲回應，而不是因爲感知到的失敗或缺陷而懲罰自己，這時，你就可以把原本用來受苦的能量轉換成更好的用途。研究顯示，培養自我慈悲幫助我們更好地照顧自己、更好地應對難熬的情緒、擁有更大的情緒韌性，最終從有力量而非恐懼的境界出發，做出決定。

當你練習自我慈悲時，你就准許自己接納你的弱點與失敗，不評斷。以此方式，你體認到自己的缺陷，不認爲它們不可饒恕或難以逾越。自我慈悲讓我們可以在失敗後重新振作起來，而不是無限期地沉溺於罪疚或羞愧之中。

支柱四：建立有意義的連結

我們與生俱來渴望連結，但並非總是能夠與他人建立有意義的關係。人腦的能力很獨特，可以經由社會互動（例如我們吸收的故事）了解環境中的威脅。這種調適能力意謂著，我們不需要親身體驗可怕的情境，就可以對那類情境產生一輩子的恐懼感（例如，電影《大白鯊》，那讓某個世代的人們害怕下海游泳）。假使放任不管且不加以檢視，我們很容易走上不健康的道路，發展出奠基於想像事物的巨大恐懼感，或因爲聽到的故事而被潛移默化，卻從來沒有眞正親身體驗到那些事物。

當你犯錯或遭遇困難時，
要設法始終對自己多些善意和理解。

雖然這是連結中較陰暗的一面，但是身在社群中也有激發勇氣並從苦難中療癒的能力。

連結中的勇氣

「我可以自己來！」

這句帶著反叛意味的呼喊，在學步兒和學齡前兒童之間極爲常見，有些人更是一輩子將此奉爲圭臬，養成過度獨立的習慣。

許多心理學家和理論家認爲，過度獨立對個體和整個社會都有害。許多人不斷尋求安慰和連結，同時卻對於探索「與另一個人分享自己的情緒實相，並透過這份連結培養深度的關係」感到焦慮，甚至害怕。於是，我們避開這樣的連結。爲什麼呢？儘管想要且需要這類連結，但我們卻非常害怕被拒絕，那往往使我們不自覺地避開連結。然而在體驗到雙向的同理連結時，我們學會如何表達對他人的理解，以及接納他人回饋的理解。這讓我們重拾那種使我們成爲人類的交相依靠，同時放下「爲了保護自己必須切斷連結」的文化成見。

正如同我們可以從日常與他人的社交互動中學會恐懼，我們同樣也能變得更有勇氣。根據研究，談到嫻熟掌握恐懼時，我們擁有的最強大工具之一，恰好也是科技至上的人類越來越難做到的事：體驗到與另一個人建立眞實、深刻的連結。當你與他人連結時，除了可能發生的許多其他美妙事情外，你的恐懼喚醒系統也會放鬆下來，因爲它感知到人數帶來的安全感。

即便在疫情之前，年輕和年長的成年人也都體驗著美國公共衛生署署長維韋克．穆爾蒂醫師（Dr. Vivek Murthy）所說的「孤獨流行病」。二〇〇九年的一項研究指出，五位成年人當中就有一人感受到強烈且持久的孤獨感，而哈佛在二〇二一年進行的一項全美調查中發現，這個數字在二〇二一年是每五人中有兩人，年輕成年人的孤獨比率甚至高達六一%，有子女的母親也高達五一%。英國政府十分憂心，甚至在二〇一八年任命了首位「孤獨大臣」（Minister for Loneliness）。

當然，孤獨的感受很主觀。每一個人對於「想要的連結程度」與「實際擁有的連結程度」之間的落差，都有不同的標準。但是很明顯，我們有一個不會好轉的問題。所以，我們該怎麼辦呢？

從向你想要幫助的人們請求協助開始：好的，這聽起來很怪，但是向你所在社群中的人們（一對一地）請求協助，可以透過幫助你的行爲，讓付出的那一方感覺與你更有連結。何況許多時候，付出的那一方獲得的回報感勝過接受幫助的那一方。這也是爲什麼我在主持活動時，會請觀眾幫我一些小忙，協助活動順利進行。心理學研究顯示，與完全不請求幫忙相較，向陌生人請求幫個小忙，可以更快速地建立比較深度的連結。研究也指出，有較多社會支持的人們，往往享有比較正向的心理和生理好處。當我們能夠依靠他人（而且以支持對方作爲回報），我們也可以因此獲得更長久、更快樂的人生。

重建你的人生，以「人」爲中心，而不是以「工作」爲核心：我百分之百認爲自己是工作狂。我熱愛我的工作，也希望透過我的工作，爲他人提供最好的服務。但我很清楚，我的工作不能耗盡我的整個人生，定期與他人連結給予我可以持續工作的燃料。因爲曾在不同的國家生活過，輾轉搬過許多城市，我的摯友圈遍布美國各州與各國，但科技讓我得以與滋養我的靈魂的那些人維持親近的關係。每當我感覺被世界壓得喘不過氣來時，我會讓自己主動聯繫朋友圈。反過來，我也會相應地花時間、精力、金錢去連結和支持他們。我們每一次連結，我都建立起更穩固的正向和信任基礎。

專注於高價值且低成本的互動：高價值的關係，提供深度的連結且使我們煥發青春活力，但在透過連結建立勇氣方面，低成本的互動同樣扮演重要的角色。低成本的互動是我們應該每天進行的事：跟咖啡師打招呼、選擇人工結帳而不是自助結帳、對鄰居微笑、揮手致意。這些低成本的互動感覺非常平凡，它們也確實平凡無奇——但研究顯示，它們也是我們幸福公式的關鍵面向，讓我們更容易與人生中的高價值人類更深度地連結。花時間與他人相處並建立連結，可以釋放催產素與多巴胺，兩者共同作用，減少你的恐懼並增強你的勇氣。藉由建立「連繫──獎賞──重複」的良性循環，催產素與多巴胺讓你更有可能再次找到友誼和親密的連結。

重質不重量：我教授環境永續多年，在如何消費產品方面，總是談到「重質不重量」的理念。我設法讓學生們拒絕那種只能洗幾次的快速時尚，改選可以穿上好幾年的衣物（我有幾件十幾二十年前的高中衣服一直穿到現在）。在培養勇氣方面，「重質不重量」意謂著，提升你對人們和經驗的重視程度。擁有許多「速食朋友」（只在輕鬆和方便時才存在的朋友，就跟快速時尚一樣，經不起時間的考驗）並不是治癒孤獨的良方，高價值的關係才是關鍵。

危險連繫：對成年人而言，建立並維持這類關係通常說起來容易、做起來難。早在「數位遊牧」成爲潮流之前，我就是沒有辦公室的數位遊牧族，而在新城市結交朋友並不總是那麼容易。對我來說，最明顯的起點是加入團體，而這個團體做的事是我喜歡或想嘗試的。但我卻發現：一起做著嚇人的事情時，最深厚的關係最快出現。感受恐懼、應對恐懼、成功地穿越恐懼，快速地將人類連繫在一起。我其實很享受比較極限的運動（激流泛舟、衝浪、水肺潛水）帶來的驚嚇感，但是如果你對這些沒興趣，那麼參加聚會，找到躲在角落的人交朋友，也是我的另一個小技巧。無論什麼場合，多數人都渴望分享他們的故事和體驗，而當你將這種分享視爲對方送給你的禮物時，更深層的連結就可以流動。

爲他人服務：二〇一八年的一項研究發現，當我們主動投入，爲他人服務時，我們的杏仁核是平靜的。值得注意的是，這種減少恐懼、讓杏仁核平靜的體驗，並沒有發生在同樣那些人參與沒有具體對象的公益項目時。只有當個體相信，自己正在對特定對象表達慷慨或提供服務時，這種效果才會出現。這可以是在社區擔任志工，因此與他人接觸，定期爲某個團體投入時間（好比當足球教練或童軍領袖），甚至只是服務你認識的人，例如，幫新手媽媽照顧一下孩子，或是與年長鄰居一起吃飯。

無論你怎麼做，戰勝孤獨的關鍵在於，勇敢地與他人連結。若要建立有意義的連結，首先要了解內心深處阻礙你與他人連結的恐懼。孤獨往往根源於潛藏著擔憂被評斷或被拒絕，因此需要極強的魄力，才能突破擔憂，建立並維繫高價值的連結。

當我們活得有勇氣，大家都會因此而受益，因爲改變的核心就是勇氣。

改變自己，改變世界

過去幾十年來，關於活得有勇氣的科學已有長足的進展，讓我們能接觸到突破性的研究，了解如何才能每天變得更有勇氣且帶著較少的恐懼生活。別擔心，你不必實踐在《恐懼與超越》當中學到的每一件事。但你現在擁有基本的工具，可以征服心中的恐懼，開始活得更有自信、更喜悅、更有成就感。

我經歷過的最黑暗時期，是我深陷在自己的苦難中，看不見超越的出口。而我人生中最偉大的時刻（不是最輕易，但卻是最偉大的時刻）則是，當我能夠找到勇氣，做出讓世界變得更好的事情時。就連撰寫本書的過程也以我始料未及的方式改變了我，迫使我面對自己對失敗、不夠格、掌控的恐懼。然而，知道分享這些概念和我自己的掙扎，有機會讓這個世界變得比我原本發現的世界更美好，即使只是美好一丁點，這幫助我克服了「我不夠好」的恐懼，完成了本書的手稿。撰寫這本書幫助我活得更有勇氣，而我希望，閱讀本書也對你產生同樣的影響。

這是一趟終生的歷程。由於不斷落實，你可以逐漸邁向眞正勇敢的人生，那將會挑戰你並爲你帶來喜悅。活得有勇氣可以敞開你以前可能沒有想像過的可能性，讓你更完整地體驗人生。

假使你跟我一樣，你一定會沿途跌跌撞撞，但那些跌倒也可能成爲最精彩的故事！我知道，剛開始可能感覺很難，但我保證，只要你往前踏出一步，事情必會好轉，即使當下看似沒

> 我知道，剛開始可能感覺很難，
> 但我保證，只要你往前踏出一步，
> 事情必會好轉，即使當下看似沒有出口。

有出口。穿越心中恐懼的勇氣使我們變得堅強，也讓我們能夠追求曾經以爲遙不可及的夢想。當我們擁抱勇氣時，就可以走向更美好的未來，在那裡，世界充滿希望、可能性、尊重。

這是我在恐懼彼岸看見的你：那些被遺忘已久的夢想正以前所未有的方式甦醒，在每一個轉角閃現著全新的可能性。隨著信任日益增長，你與他人的關係也日漸深化，因爲你新找到的脆弱正在搭建橋梁，而不是築起圍牆。你在日常時刻中看到以前沒有見過的美，在特殊場合感受到更深邃的體驗。

願你永遠勇於深入探索

獨自旅行對我而言並不稀奇，但水肺潛水卻不是一項單打獨鬥的運動。即使我是不折不扣的潛水新手，但不知怎地，我竟然「半哄半騙」說服了一群很厲害的高級潛水員，讓我加入他們在貝里斯龍涎香礁（Ambergris Cay）外海的加勒比海潛水之旅。

潛水當天，陽光普照，海水平靜，混合著祖母綠與藍寶石的光芒。我們乘船抵達第一個潛水點的四十五分鐘航程期間，天空逐漸變暗，海水益發波濤洶湧。開船才十五分鐘，小小潛水船的顛簸，就已經把我折騰得比拉斯維加斯單身女子派對隔天早上還要難受。風暴持續升級，海風吹得浪一波比一波高，我們終於抵達潛水點。大家迅速穿戴好裝備，背對海面潛入海水中，因爲大家都知道，水面下的世界會比水面上平靜許多。

因爲噁心反胃，我的動作最慢，是倒數第二個下水的潛水員。依照慣例，尤其是當潛水長發現有像我這樣經驗不足的學員時，潛水長會最後一個下水。我的暈船，加上傾瀉而下的暴雨和翻騰的海浪，引發了我人生中第一次恐慌發作。

隨著呼吸越來越急促、越來越淺短，我喘著氣說：「我會淹死，我辦不到。我會在深水裡嘔吐然後溺死。我需要回到船上。」

很幸運，我有一位經驗豐富的潛水長，他完全不理會我的蠢話。

他一把抓住我的ＢＣＤ（buoyancy compensator device，浮力調節裝置，看起來像加了額外工具的救生衣），死死盯著我的眼睛，說道：「要信任你受過的訓練，深深潛到海浪之下。那裡是你停止受苦的最佳地方。如果你待在水面上，讓雨水和海浪不斷拍打你的臉，你只會越來越難受。如果你想要感覺比較好，就要信任你受過的訓練，向下潛。」

接著，他毫不留情地把我的調節器塞進我嘴裡，放掉我的ＢＣＤ裡的空氣，讓我直接下潛到海水深處。沒再多問一句話。

我們的第一站在水下二十三公尺處，其他隊員已經在水下等我們了，所以我又得把「尷尬」加入今天身心混亂的清單中。

我全神貫注於下潛，險些沒有察覺到自己進入了另外一個世界。在那麼深的水下，聲音是不一樣的，沙粒與鹽分在你臉前呼嘯而過的持續聲響，溫柔地提醒你：這是一個少有人類能夠看見的地方。巨大的鬼蝠魟（俗稱魔鬼魚）在我的蛙鞋下方滑過，我拚命地做「箱式呼吸」，終於開始至少在「這是迄今爲止最神奇的體驗」與「噢，甜美的深海女神啊，我快要吐死了。」兩者之間切換。

但是，就像潛水長說的，儘管海面上風暴肆虐，深水處卻平和安靜。這時我才領悟到，潛水長無意中讓這次經驗成爲隱喻，象徵我應對恐懼與勇氣等艱難情緒的工作。由於欠缺覺知、知識、智慧，不知道該如何應對自己的艱難情緒，我們留在水面上，害怕……往往被嚇壞了，不敢潛得更深。

我們以爲，深海等同於危險。

但事實上，停留在水面上的風險高出許多，在水面上，被海浪打得七葷八素，臉龐不斷被雨水砸中，我們奮力掙扎，越來越不舒服，能量一點一滴地流失。我們改變不了風暴，但可以改變自己存在的地方。離開水面，潛得更深，信任受過的訓練，將會帶領我們進入充滿驚奇與敬畏的新世界。

隨著我們的旅程即將劃下句點，我衷心祝福你擁有長壽而健康的人生，能與所愛之人共享無數豐盛的時光，也願你持續成長，不斷學習。我知道，你現在擁有你所需要的訓練，可以開始潛得更深，可以探索你從來沒想過有可能探索的深度（即使那裡可怕得要命，讓你覺得自己快吐了）。

記住，你的能力遠遠超乎你的想像。光是嘗試本書中的神經再造工程技巧，你就已經大步向前，邁出活得更有勇氣的人生。向前邁進，繼續大膽地活著，即使那代表，踏著穩健的小步伐慢慢前行。無論什麼時候，你都有力量選擇勇敢，即使是面對艱難的處境。當你面對新的恐懼時，要不斷提醒自己，你有力量與韌性。

無論是自己選擇，還是有些外力協助，願你始終潛得更深，帶著真正有勇氣的心智，找到活著本身的敬畏與驚奇。

當你改變自己，你就改變了世界。

致謝

說實話，比起本書中其他任何部分，寫致謝的話讓我更緊張……害怕……焦躁……因爲我很想讓這部分完美無缺，獻給我人生中曾經爲了支持我、我的夢想、這本書而犧牲付出的人們。但是完美主義是進步的毒藥，所以，讓我們開始吧。

首先，如果不是埃維塔斯（Aevitas）公司的經紀人雀兒喜・海勒（Chelsey Heller）聽了我在艾莉・沃德（Alie Ward）的播客節目《百門學問》（*Ologies*），然後寫電子郵件給我，說出那些神奇的話：「嘿，你想過寫一本書嗎？」這本書根本不會問世。（謝謝你，艾莉！）

「是」確實是一個魔法字，可以激起改變世界的漣漪。

雀兒喜對紐約市以外的機會說了「是」，這使我有機會擁有出版界傳奇托比・曼迪（Toby Mundy）作爲我的經紀人。托比，你給了初入出版市場的科學宅作者一個機會，而我希望這本著作讓你引以爲榮。我們第一次見面時，我就知道，我希望我的著作可以成爲你書架上的最愛作品之一，我也迫不及待地想看見這本書的封面擁有屬於它自己的閃耀位置。感謝你始終如一的投入以及對我和對這個專案的信任。

托比的「是」讓一個有可能的領域敞開，包括會見頂尖資深編輯約翰・麥利斯（John Meils）。從我們見面的最初幾分鐘開始，我就知道我必須與約翰和他的團隊合作——而且在我寫完這本書之際，我對當初那個特別的「是」感到無比欣慰。

約翰，感謝你針對這個專案不懈地追求卓越，也感謝你相信我是創作者。感謝你帶我了解「五大」出版集團的出版門道，感謝你讓這本書、以及身爲作者的我，變得比我原本想像的更出色。

感謝我那位像忍者搖滾巨星一樣的娛樂法律顧問「馬爹利媒體之家」（Martell Media House）的米雪・馬爹利（Michele Martell），我知道你願意爲我對抗巨龍，而且一定會贏！你讓我感到安全而有力量，在你踏入的每一個領域，都深深啓發了我。

感謝在第一線支持我的編輯團隊，包括，潔西卡・辛德勒（Jessica Sindler）與「凱文・安德森團隊」（Kevin Anderson & Associates）、蜜雪兒・穆爾（Michelle Moore）、夏琳・盧艾爾（Charlene Ruell）與「風采顧問公司」（Panache Consulting）。倘若沒有你們逐行逐字的協助，這本書根本不可能誕生。寫作可能是孤獨的事，但你們確保我的寫作並不孤單，比起我自己踽踽獨行，這點絕對讓這本書（以及身爲作者的我）變得出色許多。

感謝蘇珊・賽爾夫（Suzanne Selph）與艾爾頓・賽爾夫（Elton Selph），你們是我在任何風暴中的避風港、我的再造父母，幫助我成長。你們給了我沉浸在愛與接納中的童年。你們教會我如何回饋自己的社群、如何秉持眞理和誠實生活。你們的愛與指引，協助造就今天的我。

感謝克雷格・艾倫（Craig Allen），嗯，我在本書中已經提到你許多次，所以可以說，你一定是非常重要的人。不過說正經的，你在許多方面改變了我的人生，以你對探險的熱愛、你的智慧、你的耐心和善意，當然，還有你的愛。願我們的言語、我們的回憶、最重要的是我們的故事，長久延續，超越我們凡人的軀殼。

感謝狄麗亞・蕾・泰勒（Deliah Rae Taylor），感謝你激勵人心的英勇霸氣，爲我打開世界的門。假使沒有你，我不可能有機會發言和參與決策。

感謝在這趟創作旅程中與我分享文筆與眞心的文字姊妹們：愛芮絲・波里特（Iris Polit）、克莉絲汀・普洛柯（Kristin Procko）、蘭妮・卡麥隆（Lainey Cameron）、蘿拉・布芮克・華格納（Laura Brekke Wagoner）、L・史蒂芬妮・泰特（L. Stephanie Tait）。你們的愛、支持、智慧、指引，讓這本書有可能問世。

感謝我的倫敦「科學傳播」（SciComm）家族：艾瑪・帕金（Emma Parkin）、凱瑟琳・韋伯（Catherine Webb）、弗蘭西絲・麥克斯蒂（Frances McStea）、喬依・艾斯頓（Joy Aston）、

凱特・史密斯（Kate Smith）、基恩・羅（Keyne Rowe）、露西・提姆斯戴維斯（Lucy Timms-Davis）。在這個作品誕生時，你們就一直在場，陪我經歷無數次的創作發想。你們以無數種不同的方式幫助我成爲今天的科學傳播者。在我們的圈子中，我感受到被看見與被愛，那種感覺就像回到家。所以，感謝你們每一位，都跟我一樣古靈精怪。

感謝穆爾（Moore）家族，史蒂夫（Steve）、蜜雪兒（Michelle）、莎莉（Charlie）、麥蒂（Maddie），感謝你們讓海灘日成爲最美好的日子，也讓我和愛狗班迪（Bandit）成爲你們的家人。你們不斷啓發我，愛人與支持是什麼意思，而且絕對是我不斷前進的動力。

感謝成爲家人的朋友們，你們讓我成爲更好的作家，幫助我活出非比尋常的人生，那是故事和探險的人生、愛與歡笑的人生……以及葡萄酒的人生。許許多多的葡萄酒啊！你們每一位都以難以數計的方式影響了我與我所講述的故事，也聆聽我喋喋不休地講述我的作品。我眞心感激你們：布莉蘭・斯蜜裘斯基（Brielan Smiechowski）、德布・韋恩萊特（Dub Wainwright）、珍妮・索納瓦拉（Jenny Sonawala）、梅莉莎・凱（Melissa Ke）、萊利・艾倫（Riely Allen）、莎賓娜・嚴（Sabrina Yam）。

感謝我的毛小孩班迪，你看不懂這些文字，但是倘若沒有你提供的堅持陪伴、毫無保留的忠誠，以及永不停歇的慰藉，這本書就不可能誕生，而我付出的代價只是區區高檔美食而已。

最後但絕非最不重要的是，沒有海倫媽媽（Momma Helen），這本書就不會存在。雖然複雜和有問題，但我知道，她盡力運用她擁有的工具了。在她獨特的方式中，她愛得義無反顧，就像我們每一個人努力做到的那樣。

你們每一位都給了我一把開啓新門的鑰匙，永遠澈底地改變了我的人生。

對這一切，對你們，我永遠感激。我愛你們大家。

資料來源

第1章

Mental Health America. “Mental Health and COVID-19 2021 Data.” Accessed October 2, 2023. https://mhanational.org/mental-health-and-covid-19-april-2022-data.

Mental Health America. “Adult Data 2022.” Accessed October 2, 2023. https://mhanational.org/issues/2022/mental-health-america-adult-data#four.

National Archives. “13th Amendment to the U.S. Constitution: Abolition of Slavery (1865).” Accessed October 2, 2023. https://www.archives.gov/milestone-documents/13th-amendment.

Psychology Today. “Default Mode Network.” Accessed October 2, 2023. https://www.psychologytoday.com/us/basics/default-mode-network.

Zheng, Weimin, Zhuangzhi Su, Xingyun Liu, Hao Zhang, Ying Han, Haiqing Song, Jie Lu, Kuncheng Li, and Zhiqun Wang. “Modulation of functional activity and connectivity by acupuncture in patients with Alzheimer disease as measured by resting-state fMRI.” PloS One 13, no. 5 (2018): e0196933.

第2章

Barajas, Joshua. “After RBG’s Death, This Poet Urges Us to Follow in Her Steps.” Accessed October 2, 2023. https://www.pbs.org/newshour/arts/poetry/after-rbgs-death-this-poet-urges-us-to-follow-in-her-steps.

Federal Bureau of Investigation. “Crime Data Explorer.” Accessed October 2, 2023. https://cde.ucr.cjis.gov/LATEST/webapp/#/pages/home.

National Geographic. “Tardigrade.” Accessed October 2, 2023.” https://www.nationalgeographic.com/animals/invertebrates/facts/tardigrades-water-bears.

Nolen-Hoeksema, Susan. "The role of rumination in depressive disorders and mixed anxiety/depressive symptoms." *Journal of Abnormal Psychology* 109, no. 3 (2000): 504.

Puma. "How You Play Is What You Are: Fearless. Puma Launches the Fearless Pack." Accessed October 2, 2023. https://about.puma.com/en/newsroom/brand-and-product-news/2022/10-05-2022-fearless-pack.

ScienceDirect. "Urbach-Wiethe Disease—An Overview." Accessed October 2, 2023. https://www.sciencedirect.com/topics/biochemistry-genetics-and-molecular-biology/urbach-wiethe-disease.

Vicary, Amanda M., and R. Chris Fraley. "Captured by true crime: Why are women drawn to tales of rape, murder, and serial killers?" *Social Psychological and Personality Science* 1, no. 1 (2010): 81–86.

YouTube. "Find your Fearless | PUMA Introduces the Generation Fearless Campaign." Accessed October 2, 2023. https://www.youtube.com/watch?v=9m-WTobPA-A.

第3章

Blacher, Suzan. "Emotional Freedom Technique (EFT): Tap to relieve stress and burnout." *Journal of Interprofessional Education & Practice* 30 (2023): 100599.

Bowlby, John. *Attachment*. Basic Books, 2008.

Byron, Kristin, Shalini Khazanchi, and Deborah Nazarian. "The relationship between stressors and creativity: A meta-analysis examining competing theoretical models." *Journal of Applied Psychology* 95, no. 1 (2010): 201.

Church, Dawson PhD, Crystal Med Hawk, Audrey J. Brooks PhD, Olli Toukolehto MD, Maria Wren LCSW, Ingrid Dinter, and Phyllis Stein PhD. "Psychological Trauma Symptom Improvement in Veterans Using Emotional Freedom Techniques: A Randomized Controlled Trial." The *Journal of Nervous and Mental Disease* 201, no. 2 (February 2013): 153–60. DOI: 10.1097/NMD.0b013e31827f6351.

CNN. "Mandela in His Own Words." Accessed October 2, 2023. https://edition.cnn.com/2008/WORLD/africa/06/24/mandela.quotes/.

Wati, Nenden Lesmana, Tukimin Bin Sansuwito, Ramesh Prasath Rai, Irma Darmawati, Reni Anggareni, Mayasyanti Dewi Amir, and Titin Nasiatin. "The Effect of EFT (Emotional Freedom Technique) to the Self Esteem among Nurses." *Malaysian Journal of Medicine & Health Sciences* 18 (2022).

第4章

Bathina, Siresha, and Undurti N. Das. "Brain-derived neurotrophic factor and its clinical implications." *Archives of Medical Science* 11, no. 6 (2015): 1164–78.

Forster, Gina L., Andrew M. Novick, Jamie L. Scholl, and Michael J. Watt. "The Role of the Amygdala in Anxiety Disorders." In *The Amygdala: A Discrete Multitasking Manager*, 61–102. Rijeka: InTech, 2012.

Frith, Chris, and Ray Dolan. "The role of the prefrontal cortex in higher cognitive functions." *Cognitive Brain Research* 5, no. 1-2 (1996): 175–81.

Guzmán, Yomayra F., Natalie C. Tronson, Vladimir Jovasevic, Keisuke Sato, Anita L. Guedea, Hiroaki Mizukami, Katsuhiko Nishimori, and Jelena Radulovic. "Fear-enhancing effects of septal oxytocin receptors." *Nature Neuroscience* 16, no. 9 (2013): 1185–87.

Lin, Shih-Hsien, Lan-Ting Lee, and Yen Kuang Yang. "Serotonin and mental disorders: A concise review on molecular neuroimaging evidence." *Clinical Psychopharmacology and Neuroscience* 12, no. 3 (2014): 196.

McCarty, R. "The Fight-or-Flight Response: A Cornerstone of Stress Research." In Stress: Concepts, *Cognition, Emotion, and Behavior*, 33–37. Academic Press, 2016.

Monfils, Marie-H. "Revisiting MacLean: The Limbic System and Emotional Behavior," 103. In *Brain and Behaviour: Revisiting the Classic Studies*. SAGE Publications, 2017.

Mushiake, Hajime, Kazuhiro Sakamoto, Naohiro Saito, Toshiro Inui, Kazuyuki Aihara, and Jun Tanji. "Involvement of the prefrontal cortex in problem solving." *International Review of Neurobiology* 85 (2009): 1–11.

Nili, Uri, Hagar Goldberg, Abraham Weizman, and Yadin Dudai. "Fear thou not: Activity of frontal and temporal circuits in moments of real-life courage." *Neuron* 66, no. 6 (2010): 949–62.

Paul, Ian A., and Phil Skolnick. "Glutamate and depression: clinical and preclinical studies." *Annals of the New York Academy of Sciences* 1003, no. 1 (2003): 250–72.

Rajmohan, V., and E. Mohandas. "The limbic system." *Indian Journal of Psychiatry* 49, no. 2 (2007): 132.

Ressler, Kerry J. "Amygdala activity, fear, and anxiety: modulation by stress." *Biological Psychiatry* 67, no. 12 (2010): 1117–19.

Taylor, Warren D., David H. Zald, Jennifer C. Felger, Seth Christman, Daniel O. Claassen, Guillermo Horga, Jeffrey M. Miller, et al. "Influences of dopaminergic system dysfunction on late-life depression." *Molecular Psychiatry* 27, no. 1 (2022): 180–91.

第5章

Byron, Kristin, Shalini Khazanchi, and Deborah Nazarian. "The relationship between stressors and creativity: A meta-analysis examining competing theoretical models." *Journal of Applied Psychology* 95, no. 1 (2010): 201.

Gump, Brooks B., and James A. Kulik. "Stress, affiliation, and emotional contagion." *Journal of Personality and Social Psychology* 72, no. 2 (1997): 305.

Kanske, Philipp, and Sonja A. Kotz. "Emotion triggers executive attention: Anterior cingulate cortex and amygdala responses to emotional words in a conflict task." *Human Brain Mapping* 32, no. 2 (2011): 198–208.

Kilner, James M., and Roger N. Lemon. "What we know currently about mirror neurons." *Current Biology* 23, no. 23 (2013): R1057–62.

Ray, William J., Christine Molnar, Deane Aikins, Alissa Yamasaki, Michelle G. Newman, Louis Castonguay, and Thomas D. Borkovec. "Startle response in generalized anxiety disorder." *Depression and Anxiety* 26, no. 2 (2009): 147–54.

Pendell, Ryan. "Customer Brand Preference and Decisions: Gallup's 70/30 Principle." Accessed October 2, 2023. https://www.gallup.com/workplace/398954/customer-brand-preference-decisions-gallup-principle.aspx.

第6章

Blades, Robin. "Protecting the brain against bad news." *Canadian Medical Association Journal* 193, no. 12 (March 2021): E428–29.

Byyny, Richard L. "Information and cognitive overload." *Pharos* 79, no. 4 (Autumn 2016).

Farías, Pablo. "The use of fear versus hope in health advertisements: The moderating role of individual characteristics on subsequent health decisions in Chile." *International Journal of Environmental Research and Public Health* 17, no. 23 (2020): 9148.

Festinger, Leon. "A theory of social comparison processes." *Human Relations* 7, no. 2 (1954): 117–40.

Holman, E. Alison, Dana Rose Garfin, and Roxane Cohen Silver. "Media's role in broadcasting acute stress following the Boston Marathon bombings." *Proceedings of the National Academy of Sciences* 111, no. 1 (2014): 93–98.

Milkman, Katherine, Liz Rees-Jones, and Jonah Berger. "The secret to online success: What makes content go viral." *Scientific American* (April 14, 2015).

Ozbay, Fatih, Douglas C. Johnson, Eleni Dimoulas, C. A. Morgan Iii, Dennis Charney, and Steven Southwick. "Social support and resilience to stress: From neurobiology to clinical practice." *Psychiatry (Edgmont)* 4, no. 5 (2007): 35.

Pollock, Samara, Susan Taylor, Oyetewa Oyerinde, Sabrina Nurmohamed, Ncoza Dlova, Rashmi Sarkar, Hassan Galadari, et al. "The dark side of skin lightening: An international collaboration and review of a public health issue affecting dermatology." *International Journal of Women's Dermatology* 7, no. 2 (2021): 158–64.

Reedy, Katherine. "Ads pressure Hong Kong women to whiten up." *Women's E News* (2009).

Vijaya, Ramya M. "Dangerous skin bleaching has become a public health crisis. Corporate marketing lies behind it." *Washington Post*, June 15, 2019.

Voultsos, Polychronis, Maria Koungali, Konstantinos Psaroulis, and Afroditi K. Boutou. "Burnout syndrome and its association with anxiety and fear of medical errors among intensive care unit physicians: A cross-sectional study." *Anaesthesia and Intensive Care* 48, no. 2 (2020): 134–42.

第7章

Bögels, Susan M., and Warren Mansell. "Attention processes in the maintenance and treatment of social phobia: Hypervigilance, avoidance and self-focused attention." *Clinical Psychology Review* 24, no. 7 (2004): 827–56.

Butterhof, Jannis. "Understanding the Mindtrap: How Irrational Thinking Affects Risk-Anticipation in Work-Related Decision-Making. A Correlative Study." Thesis, July 2016.

Cox, Rebecca D. "Promoting Success by Addressing Students' Fear of Failure." *Community College Review* 37, no. 1 (2009).

de Lima, Miguel Antonio Xavier, Marcus Vinicius C. Baldo, Fernando A. Oliveira, and Newton Sabino Canteras. "The anterior cingulate cortex and its role in controlling contextual fear memory to predatory threats." *ELife* 11 (2022): e67007.

Kahneman, Daniel. *Thinking, Fast and Slow*. Macmillan, 2011, 23

Kleshchova, Olena, Jenna K. Rieder, Jack Grinband, and Mariann R. Weierich. "Resting amygdala connectivity and basal sympathetic tone as markers of chronic hypervigilance." *Psychoneuroendocrinology* 102 (2019): 68–78.

Lipsky, Rachele K., Catherine C. McDonald, Margaret C. Souders, Claudia C. Carpio, and Anne M. Teitelman. "Adverse childhood experiences, the serotonergic system, and depressive and anxiety disorders in adulthood: A systematic literature review." *Neuroscience & Biobehavioral Reviews* 134 (2022): 104495.

Luberto, C., S. Cotton, and A. McLeish. "OA14.01. Relaxation-induced anxiety: Predictors and subjective explanations among young adults." *BMC Complementary and Alternative Medicine* 12 (2012): 1-1.

Rolls, Edmund T. "The cingulate cortex and limbic systems for emotion, action, and memory." *Brain Structure and Function* 224, no. 9 (2019): 3001–18.

Sakulku, Jaruwan. "The impostor phenomenon." *Journal of Behavioral Science* 6, no. 1 (2011): 75–97.

Schlund, Michael W., and Michael F. Cataldo. "Amygdala involvement in human avoidance, escape and approach behavior." *Neuroimage* 53, no. 2 (2010): 769–76.

Steenland, Hendrik W., Xiang-Yao Li, and Min Zhuo. "Predicting aversive events and terminating fear in the mouse anterior cingulate cortex during trace fear conditioning." *Journal of Neuroscience* 32, no. 3 (2012): 1082–95.

第8章

Abraham, Wickliffe C., Owen D. Jones, and David L. Glanzman. "Is plasticity of synapses the mechanism of long-term memory storage?" *NPJ Science of Learning* 4, no. 1 (2019): 9.

American Psychological Association. "Stress Effects on the Body." Accessed October 2, 2023. https://www.apa.org/topics/stress/body.

Hamasaki, Hidetaka. "Effects of diaphragmatic breathing on health: A narrative review." *Medicines* 7, no. 10 (2020): 65.

Masuo, Yoshinori, Tadaaki Satou, Hiroaki Takemoto, and Kazuo Koike. "Smell and stress response in the brain: Review of the connection between chemistry and neuropharmacology." *Molecules* 26, no. 9 (2021): 2571.

Plutchik, Robert. "The nature of emotions: Human emotions have deep evolutionary roots, a fact that may explain their complexity and provide tools for clinical practice." *American Scientist* 89, no. 4 (2001): 344–350.

Sagi, Yaniv, Ido Tavor, Shir Hofstetter, Shimrit Tzur-Moryosef, Tamar Blumenfeld-Katzir, and Yaniv Assaf. "Learning in the fast lane: New insights into neuroplasticity." *Neuron* 73, no. 6 (2012): 1195–1203.

Strimbu, Kyle, and Jorge A. Tavel. "What are biomarkers?" *Current Opinion in HIV and AIDS* 5, no. 6 (2010): 463.

Ullrich, Philip M., and Susan K. Lutgendorf. "Journaling about stressful events: Effects of cognitive processing and emotional expression." *Annals of Behavioral Medicine* 24, no. 3 (2002): 244–50.

Wexler, Anna. "The social context of "do-it-yourself" brain stimulation: Neurohackers, biohackers, and lifehackers." *Frontiers in Human Neuroscience* 11 (2017): 224.

第9章

Barrett, Frederick S., Kevin J. Grimm, Richard W. Robins, Tim Wildschut, Constantine Sedikides, and Petr Janata. "Music-evoked nostalgia: Affect, memory, and personality." *Emotion* 10, no. 3 (2010): 390.

Ben-Menachem, E., A. Hamberger, T. Hedner, E. J. Hammond, B. M. Uthman, J. Slater, T. Treig, et al. "Effects of vagus nerve stimulation on amino acids and other metabolites in the CSF of patients with partial seizures." *Epilepsy Research* 20, no. 3 (1995): 221–27.

Datta, Avijit, and Michael Tipton. "Respiratory responses to cold water immersion: Neural pathways, interactions, and clinical consequences awake and asleep." *Journal of Applied Physiology* 100, no. 6 (2006): 2057–64.

Eid, Charlotte M., Colin Hamilton, and Joanna MH Greer. "Untangling the tingle: Investigating the association between the Autonomous Sensory Meridian Response (ASMR), neuroticism, and trait & state anxiety." Plos One 17, no. 2 (2022): e0262668.

Ellingsen, Dan-Mikael, Siri Leknes, Guro Løseth, Johan Wessberg, and Håkan Olausson. "The neurobiology shaping affective touch: Expectation, motivation, and meaning in the multisensory context." *Frontiers in Psychology* 6 (2016): 1986.

Feinstein, Justin S., Sahib S. Khalsa, Hung Yeh, Obada Al Zoubi, Armen C. Arevian, Colleen Wohlrab, Marie K. Pantino, et al. "The elicitation of relaxation and interoceptive awareness using floatation therapy in individuals with high anxiety sensitivity." *Biological Psychiatry: Cognitive Neuroscience and Neuroimaging* 3, no. 6 (2018): 555–62.

George, Mark S., Herbert E. Ward Jr., Philip T. Ninan, Mark Pollack, Ziad Nahas, Berry Anderson, Samet Kose, Robert H. Howland, Wayne K. Goodman, and James C. Ballenger. "A pilot study of vagus nerve stimulation (VNS) for treatment-resistant anxiety disorders." *Brain Stimulation* 1, no. 2 (2008): 112–21.

Hamasaki, Hidetaka. "Effects of diaphragmatic breathing on health: A narrative review." *Medicines* 7, no. 10 (2020): 65.

Holland, Taylor Mallory. "Facts About Touch: How Human Contact Affects Your Health and Relationships." https://www.dignityhealth.org/articles/facts-about-touch-how-human-contact-affects-your-health-and-relationships.

Hopper, Susan I., Sherrie L. Murray, Lucille R. Ferrara, and Joanne K. Singleton. "Effectiveness of diaphragmatic breathing for reducing physiological and psychological stress in adults: A quantitative systematic review." *JBI Evidence Synthesis* 17, no. 9 (2019): 1855–76.

Isik, B. K., A. Esen, B. Büyükerkmen, A. Kilinc, and D. J. B. J. Menziletoglu. "Effectiveness of binaural beats in reducing preoperative dental anxiety." *British Journal of Oral and Maxillofacial Surgery* 55, no. 6 (2017): 571–74.

Jansen, Arthur SP, Xay Van Nguyen, Vladimir Karpitskiy, Thomas C. Mettenleiter, and Arthur D. Loewy. "Central command neurons of the sympathetic nervous system: Basis of the fight-or-flight response." *Science* 270, no. 5236 (1995): 644–46.

Kapp, Steven K., Robyn Steward, Laura Crane, Daisy Elliott, Chris Elphick, Elizabeth Pellicano, and Ginny Russell. "'People should be allowed to do what they like': Autistic adults' views and experiences of stimming." *Autism* 23, no. 7 (2019): 1782–92.

Lesiuk, Teresa. "The effect of preferred music on mood and performance in a high-cognitive demand occupation." *Journal of Music Therapy* 47, no. 2 (2010): 137–54.

Meier, Maria, Eva Unternaehrer, Stephanie J. Dimitroff, Annika BE Benz, Ulrike U. Bentele, Sabine M. Schorpp, Maya Wenzel, and Jens C. Pruessner. "Standardized massage interventions as protocols for the induction of psychophysiological relaxation in the laboratory: A block randomized, controlled trial." Scientific Reports 10, no. 1 (2020): 14774.

Mönnikes, H., J. J. Tebbe, M. Hildebrandt, P. Arck, E. Osmanoglou, M. Rose, B. Klapp, B. Wiedenmann, and I. Heymann-Mönnikes. "Role of stress in functional gastrointestinal disorders: Evidence for stress-induced alterations in gastrointestinal motility and sensitivity." *Digestive Diseases* 19, no. 3 (2001): 201–11.

Munawar, Khadeeja, Sara K. Kuhn, and Shamsul Haque. "Understanding the reminiscence bump: A systematic review." PloS One 13, no. 12 (2018): e0208595.

Padmanabhan, R., A. J. Hildreth, and D. Laws. "A prospective, randomised, controlled study examining binaural beat audio and pre-operative anxiety in patients undergoing general anaesthesia for day case surgery." *Anaesthesia* 60, no. 9 (2005): 874–77.

Panchal, Saharsh, Fariburz Irani, and Gunjan Y. Trivedi. "Impact of Himalayan singing bowls meditation session on mood and heart rate variability." *International Journal of Psychotherapy Practice and Research* 1, no. 4 (2020): 20–29.

Wiwatwongwana, D., P. Vichitvejpaisal, L. Thaikruea, J. Klaphajone, A. Tantong, and A. Wiwatwongwana. "The effect of music with and without binaural beat audio on operative anxiety in patients undergoing cataract surgery: A randomized controlled trial." *Eye* 30, no. 11 (2016): 1407–14.

Woodard, Cooper R. "Hardiness and the concept of courage." *Consulting Psychology Journal: Practice and Research* 56, no. 3 (2004): 173.

Zaccaro, Andrea, Andrea Piarulli, Marco Laurino, Erika Garbella, Danilo Menicucci, Bruno Neri, and Angelo Gemignani. "How breath-control can change your life: A systematic review on psycho-physiological correlates of slow breathing." *Frontiers in Human Neuroscience* (2018): 353.

第10章

Boggiss, Anna L., Nathan S. Consedine, Jennifer M. Brenton-Peters, Paul L. Hofman, and Anna S. Serlachius. "A systematic review of gratitude interventions: Effects on physical health and health behaviors." *Journal of Psychosomatic Research* 135 (2020): 110165.

Burton, Linda Roszak, BS, ACC. "The neuroscience and positive impact of gratitude in the workplace." *Journal of Medical Practice Management: MPM* 35, no. 4 (2020): 215–18.

Csikszentmihalyi, Mihaly. *Creativity: Flow and the Psychology of Discovery and Invention*. (New York: HarperPerennial, 1997), 1–16.

Collins, KC. "Pygmalion Effect," in *Encyclopedia of Child Behavior and Development*, ed. Sam Goldstein and Jack A. Naglieri. Boston: Springer, 2011.

Datu, Jesus Alfonso D., Jana Patricia M. Valdez, Dennis M. McInerney, and Ryan Francis Cayubit. "The effects of gratitude and kindness on life satisfaction, positive emotions, negative emotions, and COVID-19 anxiety: An online pilot experimental study." *Applied Psychology: Health and Well-Being* 14, no. 2 (2022): 347–61.

Encyclopedia Britannica. "Grimm's Fairy Tales." Accessed October 2, 2023. https://www.britannica.com/topic/Grimms-Fairy-Tales.

Farrow, Marc R., and Kyle Washburn. "A review of field experiments on the effect of forest bathing on anxiety and heart rate variability." *Global Advances in Health and Medicine* 8 (2019): 2164956119848654.

Fagundo, Ana Beatriz, Esther Via, Isabel Sánchez, Susana Jiménez-Murcia, Laura Forcano, Carles Soriano-Mas, Cristina Giner-Bartolomé, et al. "Physiological and brain activity after a combined cognitive behavioral treatment plus video game therapy for emotional regulation in bulimia nervosa: A case report." *Journal of Medical Internet Research* 16, no. 8 (2014): e3243.

Frankland, Paul W., Bruno Bontempi, Lynn E. Talton, Leszek Kaczmarek, and Alcino J. Silva. "The involvement of the anterior cingulate cortex in remote contextual fear memory." *Science* 304, no. 5672 (2004): 881–83.

Gluck, Kevin A., and Jayde M. King. "Cognitive Architectures for Human Factors in Aviation and Aerospace." In *Human Factors in Aviation and Aerospace*, 279–307. Academic Press, 2023.

Greipl, Simon, Elise Klein, Antero Lindstedt, Kristian Kiili, Korbinian Moeller, H. O. Karnath, Julia Bahnmueller, Johannes Bloechle, and Manuel Ninaus. "When the brain comes into play: Neurofunctional correlates of emotions and reward in game-based learning." *Computers in Human Behavior* 125 (2021): 106946.

Johnson, Daniel, Sebastian Deterding, Kerri-Ann Kuhn, Aleksandra Staneva, Stoyan Stoyanov, and Leanne Hides. "Gamification for health and wellbeing: A systematic review of the literature." *Internet Interventions* 6 (2016): 89–106.

Karns, Christina M., William E. Moore III, and Ulrich Mayr. "The cultivation of pure altruism via gratitude: A functional MRI study of change with gratitude practice." *Frontiers in Human Neuroscience* 11 (2017): 599.

Lee, Ju-Yeon, Seon-Young Kim, Kyung-Yeol Bae, Jae-Min Kim, Il-Seon Shin, Jin-Sang Yoon, and Sung-Wan Kim. "The association of gratitude with perceived stress and burnout among male firefighters in Korea." *Personality and Individual Differences* 123 (2018): 205–08.

Lu, Hsi-Peng, and Hui-Chen Ho. "Exploring the impact of gamification on users' engagement for sustainable development: A case study in brand applications." *Sustainability* 12, no. 10 (2020): 4169.

Mennin, Douglas S., Kristen K. Ellard, David M. Fresco, and James J. Gross. "United we stand: Emphasizing commonalities across cognitive-behavioral therapies." *Behavior Therapy* 44, no. 2 (2013): 234–48.

Nakamura, Jeanne, and Mihaly Csikszentmihalyi. "The concept of flow." *Handbook of Positive Psychology* 89 (2002): 105.

Nabar, M. J. M. Y., Rubén D. Algieri, and Elba B. Tornese. "Gamification or gaming techniques applied to pedagogy: Foundations of the cognitive neuroscience applied to the education." *Global Journal of Human-Social Science: Linguistics and Education* 18 (2018): 9–13.

Semkovska, Maria. "Electroconvulsive Therapy for Depression: Effectiveness, Cognitive Side-Effects, and Mechanisms of Action." In *The Neuroscience of Depression*, 527–36. Academic Press, 2021.

Stevens, Francis L., Robin A. Hurley, and Katherine H. Taber. "Anterior cingulate cortex: Unique role in cognition and emotion." *Journal of Neuropsychiatry and Clinical Neurosciences* 23, no. 2 (2011): 121–25.

Van Den Berg, Agnes E., and Mariëtte HG Custers. "Gardening promotes neuroendocrine and affective restoration from stress." *Journal of Health Psychology* 16, no. 1 (2011): 3–11.

West, G. L., K. Konishi, M. Diarra, J. Benady-Chorney, B. L. Drisdelle, L. Dahmani, D. J. Sodums, F. Lepore, P. Jolicoeur, and V. D. Bohbot. "Impact of video games on plasticity of the hippocampus." *Molecular Psychiatry* 23, no. 7 (2018): 1566–74.

Wong, Y. Joel, Jesse Owen, Nicole T. Gabana, Joshua W. Brown, Sydney McInnis, Paul Toth, and Lynn Gilman. "Does gratitude writing improve the mental health of psychotherapy clients? Evidence from a randomized controlled trial." *Psychotherapy Research* 28, no. 2 (2018): 192–202.

第11章

Breuning, Loretta Graziano. *Habits of a Happy Brain: Retrain Your Brain to Boost Your Serotonin, Dopamine, Oxytocin, and Endorphin Levels*. Simon and Schuster, 2015.

Brown, A., Huiyi Guo, and Hyundam Je. "Preferences for the Resolution of Risk and Ambiguity." Available at SSRN 4092231 (2022).

Cacioppo, John T., and William Patrick. *Loneliness: Human Nature and the Need for Social Connection*. W.W. Norton & Company, 2008.

Choksi, Dave. "Op-Ed: NYC Health Commissioner Dr. Chokshi Says Covid Pandemic Has Left U.S. with New Epidemic of Loneliness." Accessed October 2, 2023. https://www.cnbc.com/2022/03/09/op-ed-nyc-health-commissioner-chokshi-says-covid-pandemic-has-left-us-with-new-epidemic-of-loneliness.html.

Grange Isaacson, Tyia. "Metaphors of agony: Culture-bound syndromes of hyper-independence." *Psychoanalysis, Self and Context* 15, no. 4 (2020): 375–83.

Harvard Graduate School of Education. "Loneliness in America: How the Pandemic Has Deepened an Epidemic of Loneliness and What We Can Do About It." Accessed October 2, 2023. https://mcc.gse.harvard.edu/reports/loneliness-in-america.

Harvard Medical School. "The Power of Self-Compassion." Accessed October 2, 2023. https://www.health.harvard.edu/healthbeat/the-power-of-self-compassion#:~:text=Self%2Dcompassion%20yields%20a%20number,their%20anxiety%20and%20related%20depression.

Inagaki, Tristen K., and Lauren P. Ross. "Neural correlates of giving social support: Differences between giving targeted versus untargeted support." *Psychosomatic Medicine* 80, no. 8 (2018): 724–32.

Murthy, Vivek H. "Together: The Healing Power of Human Connection in a Sometimes Lonely World." Accessed October 2, 2023. https://www.vivekmurthy.com/together-book.

The Cultural Context. "The Cultural Context." Accessed October 2, 2023. https://www.sagepub.com/sites/default/files/upm-binaries/42958_2_The_Cultural_Context.pdf.

國家圖書館出版品預行編目（CIP）資料

恐懼與超越：重塑大腦認知，改寫回應模式，選擇勇敢的神經再造工程／瑪莉．波芬羅斯（Mary Poffenroth）著；非語譯. -- 初版. -- 新北市：橡實文化出版：大雁出版基地發行，2025.09
面；　公分
譯自：Brave new you : strategies, tools, and neurohacks to live more courageously every day.
ISBN 978-626-7604-88-5（平裝）

1.CST: 恐懼

176.526　　114009667

BC1147

恐懼與超越：

重塑大腦認知，改寫回應模式，選擇勇敢的神經再造工程

Brave New You: Strategies, Tools, and Neurohacks to Live More Courageously Every Day

---

作　　者　瑪莉．波芬羅斯 博士（Mary Poffenroth, PhD）
譯　　者　非語
責任編輯　田哲榮
協力編輯　朗慧
封面設計　斐類設計
內頁構成　歐陽碧智
校　　對　蔡昊恩

發 行 人　蘇拾平
總 編 輯　于芝峰
副總編輯　田哲榮
業務發行　王綬晨、邱紹溢、劉文雅
行銷企劃　陳詩婷
出　　版　橡實文化 ACORN Publishing
地址：231030新北市新店區北新路三段207-3號5樓
電話：02-8913-1005　傳眞：02-8913-1056
網址：www.acornbooks.com.tw
E-mail信箱：acorn@andbooks.com.tw
發　　行　大雁出版基地
地址：231030新北市新店區北新路三段207-3號5樓
電話：02-8913-1005　傳眞：02-8913-1056
讀者服務信箱：andbooks@andbooks.com.tw
劃撥帳號：19983379　戶名：大雁文化事業股份有限公司

印　　刷　中原造像股份有限公司
初版一刷　2025年9月
定　　價　580元
I S B N　978-626-7604-88-5